HOW TO PRODUCE IMMEDIATE RESULTS AND TAKE ACTION

QUEST

結果を勝ち取る力

池田 貴将

IKEDA TAKAMASA

sanctuary books

がむしゃらにやる。
そして明日は、
新しい自分を開始する。

QUEST

どうすれば、
自分が計画したとおりに
自分を行動させることができるのか。
どうすればたった今〝やるべきこと〟に、
自分の行動を集中させることができるのか。

その方法を伝えるのが、この本である。

行動は2度作られる。

1度目は頭の中で。
2度目は現実の上で。

「やろう」「やらなきゃ」と考える自分と、
その行動を実際に「やる」自分は、
いわば別人である。

考えが一致しなければ、
行動も一致させることができない。

だから自分が
「たった今なにをするべきなのか」
もう一人の自分に、はっきりと、
わかりやすく伝える必要がある。

伝える目的は、相手の信頼を得ることである。
その相手が「自分」である場合、目的を果たすことは難しくない。

行動を1ヵ所にまとめる
行動を単純化する
行動を場面ごとに配置する
行動の流れを決める
行動を短時間で区切る

この手順さえ踏んでいれば、「今は、自分は、これをやるべきだ」
という確信を、自分自身に与え続けることができる。
つまり私たちの行動の大半が、周囲の刺激や、
無益な習慣に流されることなく
〝やるべきこと〟に集中していくことになる。

やるべきかどうかを、悩む理由がない。
面倒だったことを、面倒だと感じる隙もない。
だから自分でも信じられないほどの
速さとパワーで〝やるべきこと〟を
次から次へと終わらせることができる。

QUEST

やるべき仕事は、
いつまでも尽きない。
日々、溢れるばかりである。
しかしたった今、
本当に力を向けるべき仕事は
ただひとつ。
対象に照準を合わせて、
大きく振りかぶろう。

私たちは実践者である。
賞賛や安らぎは、
老後にとっておこう。
過去の勝利にひたっている
時間もない。

この世界に
未知なる課題がある限り、
私たちの探求と冒険の旅は
続いていく。

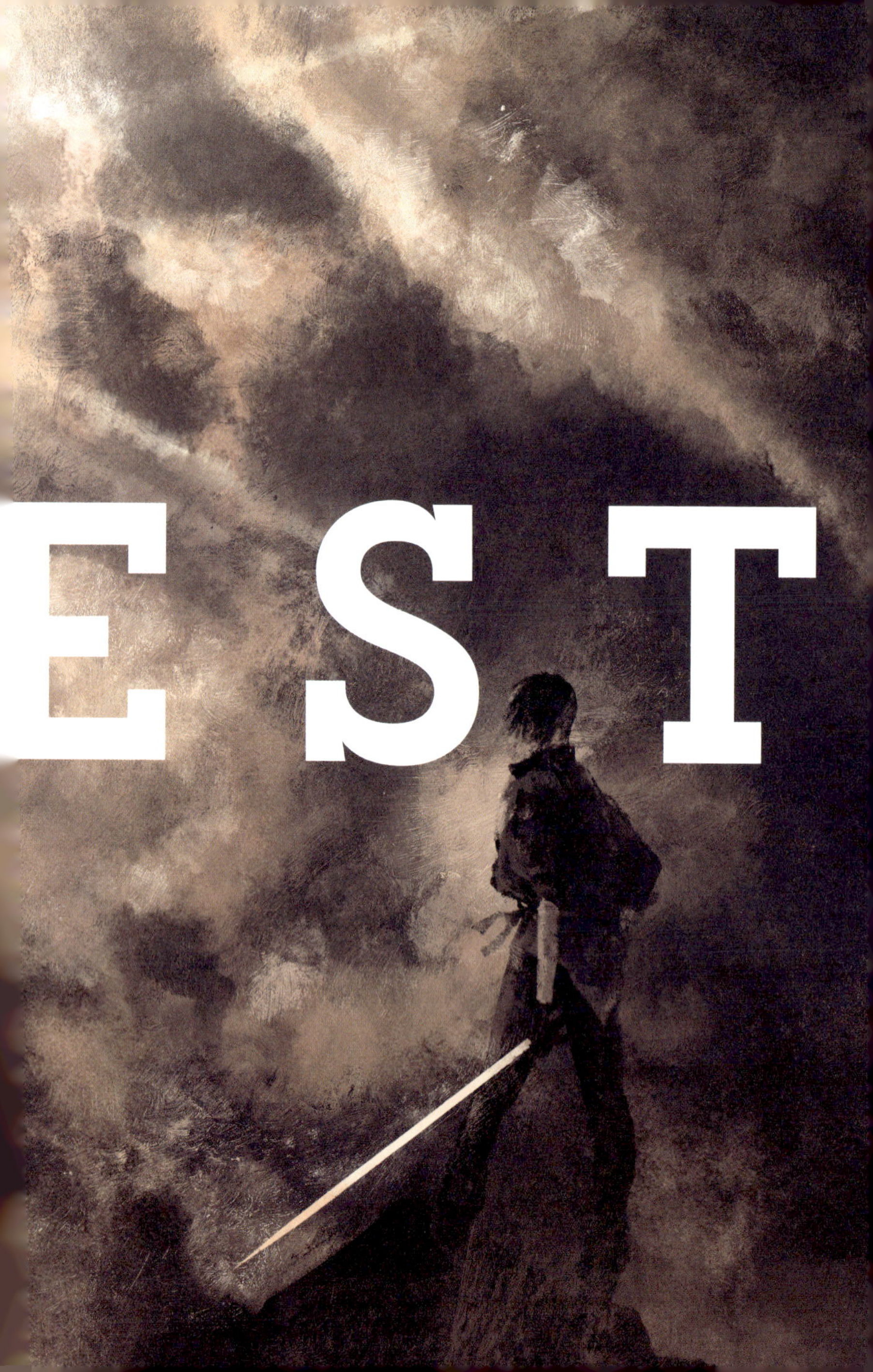
EST

Q U

HOW TO PRODUCE IMMEDIATE RESULTS AND TAKE ACTION

QUEST

CONTENTS

CONTENTS

PROLOGUE
はじめに

CHAPTER 1
クエストを集める

CHAPTER
2
クエストを決める

CHAPTER
3
クエストを始める

CONTENTS

CHAPTER
4
クエストに応じる

CHAPTER
5
クエストを進める

CHAPTER

6

クエストを見直す

この本でお伝えする仕事術は、チクセントミハイのフロー体験、
ロウ・バウマイスターの意志力、デビッド・アレンのGTD、
トム・ピーターズのプロジェクトマネジメント、
ハイラム・W・スミスのタイムマネジメント、
ピーター・ブレグマンの18分の法則などの理論をもとに、
実社会で使いやすいようにアレンジしたものです。

HOW TO PRODUCE IMMEDIATE RESULTS AND TAKE ACTION

QUEST

PROLOGUE

はじめに

終わらない仕事は、なぜ終わらないのか

強い「意思」がほしい。

その「意思」を持って、やるべきことを一気に片付け、心の底から充足感を味わいたい。そして、平和に満ちた安らぎの時間を取り戻したい。

そう感じている人は、私だけではないでしょう。

今取り組んでいること、受信トレイにたまったメール、家庭のこと、役所の手続き、伝えなければいけないこと、健康上の改善したいこと、週末のプラン、接待する店の候補など、そういう毎日の暮らしの中にある**雑多な「やろう」「やらなきゃ」のうち、「たった今、自分がやるべきことはなにか」を、選び取るのが「意思」**です。

小さなことですが、スマートフォンを使うにしても、用件だけを確認してしまうか、用もなく触り続けるかは「意思」の違いです。時間内に仕事を終わらせて、帰ろうと思った時刻に帰るのも「意思」です。いつもと違った道で帰ろうとする試みですらも

「意思」を必要とするでしょう。

仕事にしても、暮らしにしても、ただやるべきことをこなすだけならば誰でもできるかもしれない。けれども、そこから先の「やりたいこと」を実現するためには、やはり意思の強さが必要です。

意思はそのくらい大切なものですが、どうすれば強くできるのかは誰も教えてくれません。生まれつき「意思が強い人」と「意思が弱い人」に分かれているのでしょうか。体力があって、思考能力が高くて、自己主張のある人だけが、「意思が強い人」になれるのでしょうか。

そうではないと、私は断言します。

数ある選択肢の中から「たった今、自分がやるべきことはなにか」を迷わず選び取れる人が、〝意思の強い人〟なのだとすれば、そもそも「選択肢なんてはじめから無ければいい」と思っているからです。

ところがそう簡単にはいきません。私たちのほとんどは、たくさんの機能を持った便利な道具をいくつも持っていますし、毎日途切れることなくメール、SNS、電話、相談、誘い、書類、看板、悪臭、騒音、腰痛……さまざまな刺激を受けているからです。

選択肢の増殖は止められません。

それでも強い意思を持って、毎日行動したい。そんな思いから、学んだ知識と知恵をまとめたのがこの本です。

やろうと決めるのは自分。実際に動くのは、もう一人の自分です。

まずは「もう一人の自分」と向き合うこと。そこから少しずつ「意思」を磨いていきましょう。

――もう一人の自分の存在

早速ですが、私たちの行動について考えてみましょう。

私たちの行動は、いつでも、頭の中の「こうしよう」という指示から開始します。

いったんはじまったその行動は、次の「こうしよう」という指示が出るまで、継続されます。

この「こうしよう」という指示が〝意思〟です。そして外からの指示によって行動を開始するのが〝反応〟であり、なんの指示も受け付けない状態が〝惰性〟です。

私たちの行動は「意思のモード」「反応のモード」「惰性のモード」に分かれています。

「意思のモード」は、自分がやろうと思ったことをやっている状態です。

予定に書かれたことを実行したり、自分で考えたとおりに動いたり、方針に基づいて行動したりしています。

「反応のモード」は、まわりからの刺激に影響を受け、反応している状態です。頼まれたことをすぐにやったり、相談や質問に答えたり、メールの返信をしたりしています。

「惰性のモード」は、刺激に流され、時間を潰している状態です。雑談、スマートフォンいじり、ネットサーフィン、買い物などを「無意思」に続けています。

一日のうち、自分はどのモードでいる時間が長いか。

その差によって、仕事の進捗度、クオリティ、こなせる数はもちろん、**一日が終わったときの充実感や疲労感、自己肯定感も変わってきます。**

「意思のモード」にいるのは、自分一人の世界でのことです。自分の心の世界と、現実

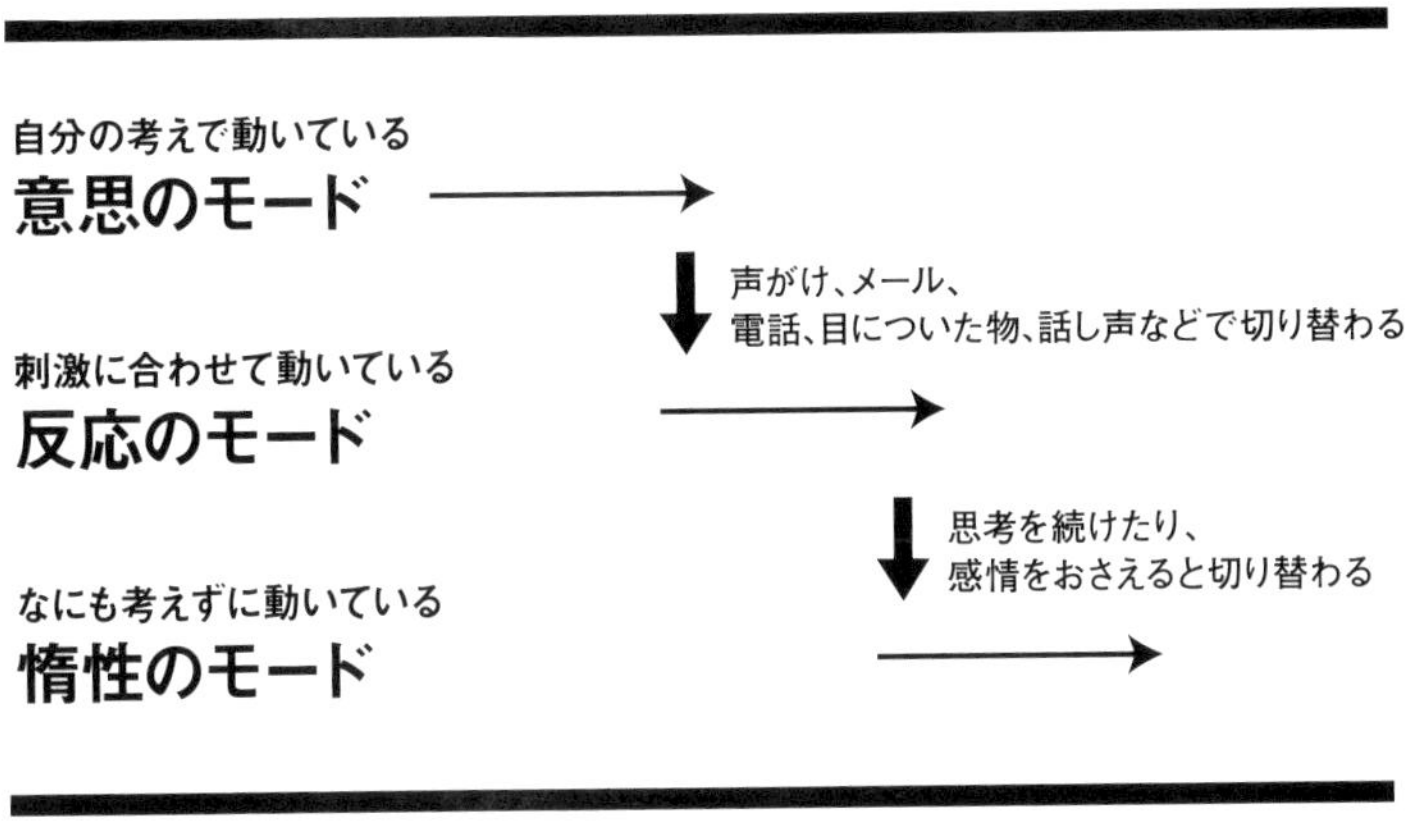

モードがずれていることに気づき「意思のモード」に戻すことが重要

の行動をいったりきたりしています。かといって、自分だけの世界に閉じこもりっぱなしではいけません。他の人とどうやって気持ちの良い仕事のやり取りができるか、**「反応のモード」との切り替えがうまくできるのも、意思の強さ**でしょう。考えることに疲れたり、次の選択肢を見失えば「惰性のモード」に入りやすくなります。ゼロにすることは難しいので、むしろどうすればうまく「意思のモード」に戻せるのかがポイントになります。

注意したいのは、指令を出す自分と、実行する自分は「違う思考」だということです。

ですから、いったん行動をはじめると、客観性が薄れて、「自分が今、どのモードにいるのか？」ということに気づきにくくなります。

「意思のモード」「反応のモード」「惰性のモード」それぞれの自分は、まったくの別人格。

今日はあれをやろうと固く決意しても、会社に着いて、同僚から話しかけられた瞬間に消えます。

メールチェックをした瞬間にも消える。そして返事に没頭します。そのまま気づかずに、「反応のモード」のまま一日が終わってしまうこともあります。

スマートフォンで時間を確認しようと思っていただけなのに、そのままＳＮＳやショッピングサイトに夢中になってしまうこともあります。

私たちは、たいていそんなふうに毎日を過ごしています。ですから、もし実際に各モードの時間配分を測ることができたら、一日のうちに「やるべき仕事をしている」時間は、驚くほど少ないかもしれません。

意思を強くしたいと考えている人が、一番注意しなければならないのは、**「自分の意**

思を信用」してしまうことです。

約束を守れない人というのは、たいていそういう人です。

絶対にやろう。気持ちが高まっているときこそ、今の自分がこれだけ固く決意しているんだから、未来の自分も同じ気持ちに決まっているだろうと考えがちなのです。「今度ばかりはやる」と思うわけです。その結果、準備を怠ります。そうして時間が経過すると、なぜそんな決意をしたのか、すっかり忘れます。記憶喪失といってもいいくらいです。

日常の中に「やろう」「やらなきゃ」は無数にあり、いつなにが自分の行動の主導権を握るかわからないので、**意思の強い人は、自分の意思をつねに疑っています。**

ですから、自分の行動を丁寧に「やるべきこと」に追い込むのです。

もう一人の自分に、〝たった今、自分がやるべきこと〟だけを意識させる状態にします。

どうすれば、そのような状態になれるのでしょうか。

1 つねに「次にやること」がわかっている。

上司からの質問に答えたあと、やりかけの見積もり作成に戻る。かかってきた電話に対応したあと、企画書の続きを考える。トイレから戻ってきたあと、デスクの上の片付けといらない書類を処分する。

そういった**行動と行動の「つなぎ目」**には罠《わな》があります。そこは、行動が意思から外れやすい瞬間。

「次になにをするんだっけ?」と指示を待つ状態だからです。その状態は刺激に弱く、なんとなく受信トレイを見て、そのままメールの返信をはじめたり、なんとなく誰かに話しかけて、そのまま雑談をはじめたり、なんとなく有名人の噂話が耳に入って、インターネットで情報を漁りはじめたりします。

自分が本来やろうとしていたことは、自分でも驚くほど忘れやすいもの。ですから**つねに「次にやること」がわかるように、手元に置いておく**必要があります。

2 その行動は「すぐにできる」と思える。

〝次にやること〟を確認するだけならば、ＴｏＤｏリストを作れば解決できるかもしれません。

しかし、やることを書き出して優先順位を決めても、なかなかそのとおりにはいかないでしょう。

それは**優先度が高い仕事が、どれも「やりやすい」とは限らない**からです。

むしろ優先度が高い仕事ほど、なにをどう手をつけていいか瞬時に判断できないことが多く、また運良く手をつけられたとしても、難しくて、集中力が続かない場合が多いでしょう。

ですから**行動の流れに沿って、「すぐにできる」が並んでいる**必要があります。

またその行動は「自分がすること」なのか「お願いすること」なのか「考えること」なのか「誰かと話すこと」なのか、目で見てすぐにわかるよう、はっきりと区別されているべきです。

3 その行動を信頼できる。

今はもっと、他にやるべきことがあるんじゃないか。

「やろうと決めた自分」よりも、「たった今の自分」の方が良い選択ができるんじゃないか。

もっと効率の良いやり方があるんじゃないか。

そんなふうに疑いの気持ちが生まれると、もう一人の自分は立ち止まったり、別の行動を取ったり、勝手なふるまいをしはじめたりします。

もう一人の自分から信頼を得られるように準備しましょう。

そのためには、**すべての「やろう」「やらなきゃ」を集めて、完全に整理**した上で、まさに「ここで、今、やるべき」だという場面に配置しておく必要があります。

4 行動の時間が区切られている。

読み終わるまで本を読んでも、読書に集中しているとは言えません。

アイディアが出るまで話し合うことが、集中した会議ではありません。

できるまで時間をかけようと思うと、いくらでも間延びしていくものです。

集中とは「他のことを考えずにやる」のではなく、その時間に「その時間内に絶対に終わらせる」という凄みを持たせた状態だと考えます。

だからこそ、一つひとつの行動は小さく、時間が区切られている必要があります。

この2時間をどう使おうではなく、15分8セットをどう使おうというふうに考えると、集中力が高まり、意思のモードから外れにくくなります。

私たちは、**自分が今なにをするべきなのか、本当は知っています。**

でも知っているだけでは無意味で、行動に結びつけなければなりません。

「やろう」という意欲が生まれたときは、絶対にそれを逃さないようにしてください。

そのためにふだんから、自分のどんな小さな欲求にも気づける感覚を持つことも必要です。

自分の新しい欲求を形にできただけで、しばらく感動が続くことがあります。

それが、仕事につながっていくこともよくあります。

欲求から行動へ。その間をつなぐ「意思」こそが、私たちにさまざまな幸せな結果をもたらしてくれます。

自分の意思でもって、今よりもっとたくさんのことができるようになれば、そんなにがんばってまわりの空気を読まなくても、共感してくれたり、協力してくれる人ができるものです。

思ったとおりのことができていない人や、仕事でも家庭でもなにかに追われている人は、ぜひこの本を読んで「鋼の意思」を作ってみてください。

そのときはきっと、自分の内面は変わらなくとも、他人の目には「がむしゃらな人」に映っていることでしょう。

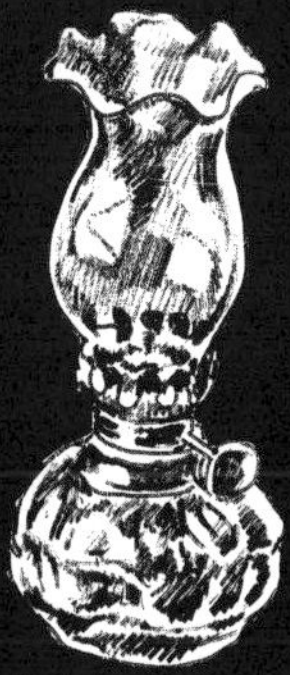

HOW TO PRODUCE IMMEDIATE RESULTS AND TAKE ACTION

QUEST

CHAPTER 1

クエストを集める

頭の中にある「やろう」「やらなきゃ」を
カタログ化する。

鋼の意思を作るために

トカゲの脳を起こさない。

私たちの行動は、3つのモードに分かれます。

行動を起こすたびに、
1　自分で選んだことをやっている（意思のモード）
2　まわりの出来事に対応している（反応のモード）
3　思考を止めて習慣に流れている（惰性のモード）
いずれかのモードを選んでいるのです。


なぜこんなに忙しいのに、やるべきことが片付かないのか。

なぜどの仕事も進められていないのに、こんなに疲れているんだろうか。

その答えはいたって簡単。自分の行動が、〈反応のモード〉あるいは〈惰性のモード〉に入っている時間が、思っているよりも長いからです。

私たちの脳の中には、理性の脳とトカゲの脳があります。

理性の脳は「思考、判断、編集」などの知的活動ができますが、トカゲの脳は目の前で起こった刺激に対してただ反応することしかできません。獲物に食いつくか、戦うか、逃げるか、できることはそれだけです。

私たちも時々、そんな状態になります。

身に覚えはありませんか？　疲れているときに、行き違いがあった、大事なことを忘れていた、意図をつかみにくい依頼がきた、など「ちょっとした面倒なこと」が起きただけで、急に感情的になったり、誤った決断をしたり、無駄な行動をくり返したりする。

これは**理性の脳が停止して、トカゲの脳が活性化している状態だと言えます。**

トカゲの脳が優位になれば、「自分はトカゲだ」という認識はなかなかできません。

ですから意思を持って、物事を進めていくためには、いかに、トカゲの脳を起こさないかが大切です。

そしてトカゲの脳を起こさないためには、一定以上の〝自制心〟が必要です。〝自制心〟はいわば脳の体力のようなもので、一日の量に限りがあります。

量があるので、使えば減ります。ある実験では、はじめから仕様が決まっているパソコンを買った人に比べて、すべての仕様を選べるパソコンを買った人は、その〝自制心〟をかなり消耗したという結果が出たそうです。

〝自制心〟は、「選択する」と減るのです。

ですから意思が強い人たちは、「選択肢の数を減らす」という感覚に長けています。

自分は今、なにをやるべきで、なにをやるべきではないか、なにをしたいか、なにをしたくないか、その瞬間瞬間に判断する準備ができているのです。

こんなふうに、どんな場面でも「こうする」を瞬時に判断できるのは、人生を有利に進めていく上でとても大事なことです。

だからこそ、つねに「たった今、この場所で、自分がやるべきことはこれ」と信じたいのですが、そうは言っても、そんな確信はなかなか持つことはできません。

私たちはいつでも「正しい自分」でいられるわけではないので、ときには周囲に流されたり、間違えたり、怠けてしまうこともあるでしょう。

でもそれは、心が弱いわけでも、自信が足りないわけでもありません。

ただ行動の選択肢が、頭の中でごちゃごちゃになっているだけなのです。

ではどうすれば、選択肢の数を減らすことができるのか。

これから選択肢の片付け方と、取り出し方、メンテナンスの仕方について、順を追ってお伝えしていきたいと思います。

「意思」という不思議な存在を、目に見えるようにしましょう。

POINT 01
——かけた時間ではなく、「今いるモード」に気をつける。

鋼の意思を作るために

しまい込んだ「やろう」「やらなきゃ」を引っ張り出す。

行動をしているとき、人はひとつのことしか考えられません。

ひとつの行動が終わると、「今、なにをすべきか?」を考えて、また次の行動に移ります。

しかし、私たちは無意識のうちに、たくさんの「やろう」「やらなきゃ」を抱えています。そうでしょう? 仕事のことはもちろん、家庭のこと、お金のこと、人間関係のこと、最近ほしいと思っている物、訪れてみたい場所など、**さまざまな分野の中に、数えきれないほどの「やろう」「やらなきゃ」が存在していて、それらは暗闇の中から、こちらの様子をじっと見ています。**

目の前のことから、ふと気がそれてしまう。それは忘れかけていた「やろう」「やらなきゃ」だったはずです。あなたが忘れてしまわないように、脳が「やらないの?」と伝えてきているのです。

私たちの脳は、終わらせたことはすぐに忘れます。しかしまだ終わらせていない「やろう」「やらなきゃ」は、頭から離れにくいようにできているのです（これを心理学ではゼイガルニク効果といいます）。

その「やろう」「やらなきゃ」を放置すれば、何度でも「やらないの？」というお知らせが届きます。

その状態のままでは、自分の行動を思うようにコントロールすることは難しいでしょう。

反対に、自分を取り巻くすべての「やろう」「やらなきゃ」を明るい場所に引っ張り出し、その行き先さえ決めてしまえば、目の前の行動に対する集中力が高まります。

人を行動に向かわせる欲求は、主に6つで、**「安定感」「変化」「自己重要感」「つながり」「成長」「貢献」**に分かれます。

どの欲求が強いのかは個人差があるのですが、頭の中の「やろう」「やらなきゃ」の量が記憶の大半を占めるようになると、どんな人でも「安定感」や「自己重要感」を求めるようになると言われています。

きっと、前例のない仕事に取り組むなどの「変化」を起こしたり、初対面の人に対して**自然にふるまったりするためには、思考の空きスペースが必要**だからでしょう。つまり「やろう」「やらなきゃ」を頭の中にため込むほど、頭が固くなっていきます。疲労物質がたまると筋肉が固くなるのに似ていますね。反対に「やろう」「やらなきゃ」を排出すればするほど、頭が柔らかくなります。なかなかないチャンスが自分のところにめぐってきたとき、それを逃さず、即応じられる姿勢につながります。

「やろう」「やらなきゃ」はどこにあるのでしょうか。きっと、あらゆるところにあります。

完了していない仕事からはじまって、健康のこと、家族のこと、旅行したい場所、ホームセンターで買うもの、冠婚葬祭、長年使わずにしまっている楽器、役所に提出しなければいけない書類、観たい映画、引っ越し先の検討、壊れた家具の修理、身につけたい技術、ある分野の情報収集……、自分が行動を起こすべきこと、誰かにまかせるべきこと、考えるべきこと、話し合うべきこと、試してみたいこと、遠のいていること、数分でできること、やり方すらわからないことなどさまざまあるでしょう。

頭の中に入っていることだけではなく、引き出しの中、手帳、付箋、メール、郵便受けの中……などにも「やろう」「やらなきゃ」は隠れています。**心の引っかかりがなく**

なるまで、一気に、徹底的に、集めましょう。

そのほとんどは「やろう」「やらなきゃ」と思ったことすら忘れてしまっていたようなものばかりだと思います。クライアントに返却すべき写真、同僚からすすめられた本、今年こそはじめようとしていたジョギング……今まで自分は、どうしてこんなにいっぱいのものを放置してきたんだろうと、呆然とするかもしれません。

しかしきっとなによりも呆然とするのは、心の風景がまったく変わってしまうことです。オフィスのデスクまわりで数十分間、家の中を歩き回って数十分間。あちこちを点検しながら「やろう」「やらなきゃ」を収集した。ただそれだけなのに、なくしていた記憶がいくつもあらわれて、まるではるか遠くの土地からたった今、一瞬で戻ってきたかのよう。今まで自分は一体なにをしていたんだろう？　自分は〈意思のモード〉で生きてきたつもりだけど、もしかすると、どこかの時点からずっと〈反応のモード〉で生きてきたのかもしれない。そんな衝撃を受けるかもしれません。

でもそこが、すべての出発点なのです。

POINT
02
――**心配事は集めはじめると、コンプリートしたくなる。**

鋼の意思を作るために

行き先を決める。

「やろう」「やらなきゃ」の収集は、あの日、あのときの自分の収集でもあります。

そのときそのときの〝気持ち〟がくっついているため、今の自分から見ても「なぜこんなことをしようと思ったのか？」ピンとこないものも多いでしょう。

「人脈を倍に広げる」と書いてるけどどうだろう、今は大事な人とかかわっている方が楽しいからなあ、といった具合です。

しかしそんなふうに、一つひとつその価値を吟味していたら、いくら時間があっても足りません。

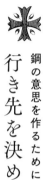

まずは真面目な事務員になったつもりで、「やろう」「やらなきゃ」を冷静に処理していきます。

できればこの作業は他に予定がなく、邪魔が入らない場所でおこなってください。また夕方以降は〝自制心〟が低下し、視野が狭くなりやすいので、できればお昼までにできるといいでしょう。

「やろう」「やらなきゃ」は〝物〟のように扱います。


箱を4つ用意しましょう。

箱は本物でも、データ上のフォルダでもけっこうです。

「やるつもりがあるかどうか？」自分に問いかけてみて「ない」なら〝ゴミ箱〟行きです。

やるつもりがあることのうち、今やらなくていいなら〝あとでやる〟という箱にいれます。

今やった方がいいなら〝やる〟という箱に入れます。

どっちでもないなら、〝その他〟という箱に入れます。

POINT
03
――思い出にふけらず、無感情で片付ける。

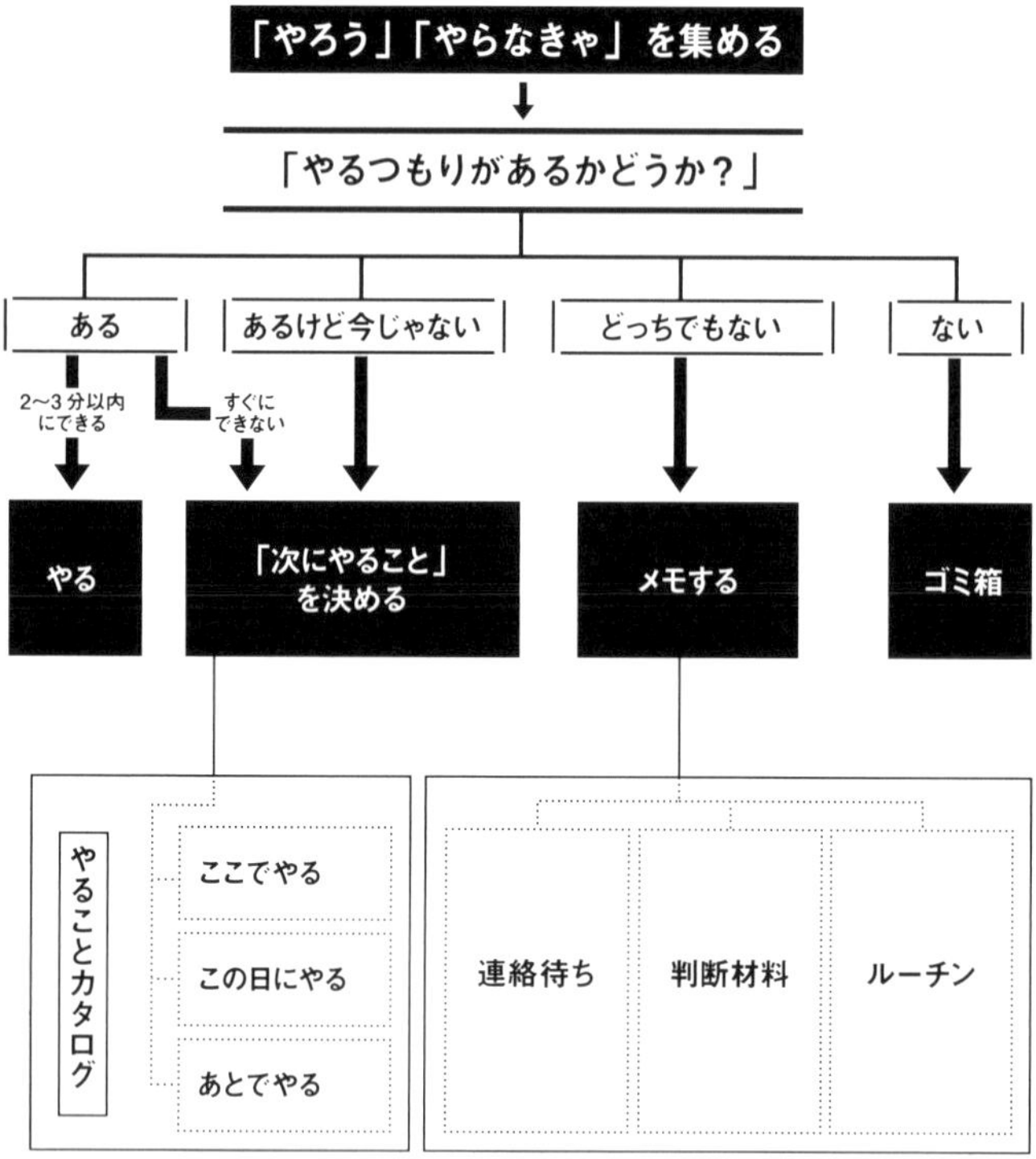

忘れてはいけないすべてのことを、「やることカタログ」にかき集める。

鋼の意思を作るために
〝次にやること〟を決める。

やることそのものは、たいてい問題ではありません。ただどう手をつけていいのか、すぐに判別できないのが問題なのです。

100年前の仕事は違いました。樵《きこり》の仕事は、木を見れば木を切るんだとわかりました。切った木は、割るのか、燃やすのか、捨てるのか。せいぜいそんなものでした。

ところが現代の仕事はたくさん種類があって、なにをどうすればいいのか、理解するためには時間を要します。

メールがたくさん届いても、一件一件開いてみないと、どういう対応をするべきかがわかりません。

そして瞬時に判断できないと、**その次の行動は「ぱっと見て、なにをすればいいのかわかる行動」に流されやすくなります。**それは主にメールチェックをしたり、スマートフォンを見たり、同僚に話しかけたりといった〈惰性のモード〉でやるようなことです。

そうならないためには、〝次にやること〟をはっきりした状態にして、つねに自分に知らさなければなりません。

ではこの場合の「はっきりした状態」というのは、どういったものでしょうか。

それは、**子供が聞いても理解できるほど、「簡単」で「わかりやすく」表現されていることです。**

なにがあってもできる〝次にやること〟。どんな状態でも、すぐに理解できる〝次にやること〟。

どれだけ体調が悪くても、それならばできる。どれだけ頭がまわっていなくても、それならばわかる。という表現です。

たとえば「ジョギングをする」よりも、「明日ベッドから出たら、ジョギングウエアに着替える」と表現した方が、すぐにイメージができて、その行動に移りやすくなるでしょう。

また「報告書を作成する」というよりも、「〝報告書〟というフォルダの中にある、前回のテンプレートを開く」や「報告書のテーマを、とりあえず一行書く」と表現した方が、自分に対して親切です。

意思が途切れないようにするために必要なのは、**精神力よりも、国語力**だとも言えます。


またひとつの「やろう」「やらなきゃ」からは、複数の〝次にやること〟が出てくることがあります。

〝次にやること〟は、大きく「手を動かすこと」「考えること」「誰かと決めること」の3つに分かれます。

たとえば「予算を見直さなきゃ」からの〝次にやること〟は、「ネットでもっと安い業者を探してみる（手を動かすこと）」「削れる項目がないかを検討する（考えること）」「予算を増やせないか、上司に相談してみる（誰かと決めること）」、などに分けることができます。

POINT
04
――先送りしようがないほど、小さな行動を考える。

鋼の意思を作るために

「やることカタログ」にしまう。

いろんな場所から「やろう」「やらなきゃ」を集めた。

それを、やるつもりがあることと、やるつもりがないものに仕分けた。

そしてやるつもりがあることを、〝次にやること〟という形に表現し直すことができた。

そこまでできたら、〝次にやること〟をすべて1冊のカタログにしまっていきましょう。

「やることカタログ」は、ノートやファイルで作れます。メールのフォルダ分けでも代用できます。もちろんタスク管理専用のアプリケーションを使えるならそれも良いでしょう。

とにかく、**自分にとって「簡単」で「使いやすい」**ことが一番です。

やることカタログの中身

A ここでやる

・デスク
・家
・パソコン
・電話
・電車
・スーパー
・ショッピングセンター
・どこでも
・協議事項

B カレンダー

・この日、この時間にやること
・この日にやること
・この日に調べること

C 連絡待ち

・問い合わせ中のこと
・返事待ちのこと

D あとでやる

・1週間ごとに見直すこと
・この日、この時間に
再検討すること

E 判断材料

・証拠
・終わったら捨てる資料
・あとで読む資料

F ルーチン

・定期的にやること
・10分間リスト（P64）

〈A　ここでやる〉

なにかを「気にする」のはパワーがいります。

人間が**同時に「気にする」ことができる数はだいたい3つくらい**だと言われていて、それ以上になったら、意識から外れやすくなります。

だから制限した方がいいのです。

会社のデスクにいるときは、デスクにいるときにしかできないこと、だけを気にすればいいし、カフェでもできることは、カフェで気にすればいい。家でしかできないことは、家に帰ってきたときだけ気にすればいい。部長としか決められないことは、部長といるときにだけ気にすればいいことになります。

また、パソコンさえあればできることもあります。ショッピングセンターでしかできないこともあります。それが同じリストに並ぶと、ぱっと見て、どれから手をつけたらいいのかわかりません。そこで〝次にやること〟は、ひとまとめではなく、基本的にそれができる場面、状況ごとに整理するようにしましょう。

〈B　カレンダー〉

〝次にやること〟の中には、その日にしかできないこともあります。

それはカレンダーで管理するしかありません。

でもカレンダーには、**その日に「絶対にやらなくてはいけないこと」だけを書く**ようにしましょう。つまり「14時から15時までの取引先との約束」や、「その日だけ受け付けているイベントの申し込み」などです。

カレンダーに、この日あたりにやろうとぼんやり決めていることは書きません。

またカレンダーを使ってしめきりも管理しません。しめきりがある用件は、それができる場面で、時間があるときに、なるべく早くやることにします。

〈C　連絡待ち〉

どうしても、自分だけでは動かせないことがあります。

「連絡はしてある」「もう自分のできることはやった」というような場合です。

あるいはそれをやっていいかどうか、誰かの許可があるまで進められないということもあります。

そういう案件を「やること」から消してしまう人は多いようですが、相手の方も「やること」から消してしまった場合、案件そのものが消えてしまう危険があります。あるいは「大至急」という魔物に化け、平和な日常に襲いかかってくることもあります。

そうならないように、連絡を待っている用件も「やることカタログ」に残しておきましょう。

メールでこちらからお願いをしたことも、「わかり次第連絡します」という連絡を受けたことも、〈連絡待ち〉のフォルダに入れておきましょう。

〈D　あとでやる〉

今行動を起こす必要があるかどうかを考えて、**少なくとも1週間以内に行動を起こすつもりが「ない」ものは、すべて〈あとでやる〉に入れておきます。**

〈あとでやる〉ことは2パターンあります。ひとつは将来の、どこかの時点でやる可能性があることです。〈タイミングをみて考える〉〈トレイルランをやってみる〉〈いいアイディアがあれば連絡する〉〈オーダーメードのスーツを買う〉のようなことです。

もうひとつは、けっこう先だけど、決まった期間に、検討する価値があること。〈半年後に開催されるホノルルマラソン〉のようなことです。

いずれも1ヵ月ごとに見直して、行動を起こそうと思ったことがあれば、〝次にやること〟の形に変換して、〈ここでやる〉に入れましょう。

〈E　判断材料〉

〝次にやること〟はないけれど、あとで見返す必要が出てくるかもしれない情報。または、後日の会議や打ち合わせで使うことになる資料。あるいは、あとで言った言わないでもめないための証拠となるもの。そういった、直接行動にはつながらないけれど、情報として必要な「やろう」「やらなきゃ」は、すべて〈判断材料〉として扱います。

あるグループや人物とのメールのやり取りを、特定のフォルダに仕分けている人は多いと思いますが、そこに残されたメールも〈判断材料〉の一種です。

気をつけなくてはならないのが、とりあえず取っておこうと思ったことは、なんでもかんでも〈判断材料〉に残してしまいがちであることです。〈判断材料〉は必要なときにすぐに見られないと意味がありません。いらない、もう二度と見ないであろう資料は定期的に捨てましょう。

〈F　ルーチン〉

やることはわかっているけれど、疲れていたり、頭を使いたくなかったり、なにもやる気がしないときがあります。

またふと時間があいて、〝次にやること〟がわからなくなる瞬間もあります。かといって、その場で〝次にやること〟を考えようとしても難しく、〈惰性のモード〉に流れやすい。そういうときは〈ルーチン〉を見て、「今日これさえやっておけば後悔しない」という行動を思い出します。

おすすめは「10分間リスト」を作成しておくことです。ストレッチ、難しい本を読む、パソコンのファイル整理、ブログを書く、ノートに一日の計画を書く、など。10分間でできる行動の中から「迷ったらこれやろう」を自分の中でルール化しておきます。

その時、その時の気分があるので、候補はいくつか出しておきましょう。

このように〝次にやること〟を、カタログに整理されている状態にしておけば、「やろう」「やらなきゃ」が新旧、大小問わず、この一ヵ所にすべてあるという安心感が生まれ、心の中がクリアになります。

その場合でいう **〝整理されている状態〟とは、それぞれが意味しているものと、置かれている場所に違和感がない状態のこと**をさします。

また行動力も高まります。「優先すべきことがころころ変わる。目の前のことをこなすだけ」という状態から「自分のまわりの出来事を自分でコントロールし、適切な方向に進められる」ようになるからです。

「やろう」「やらなきゃ」の整理が終わると、目に見える形で必ず成果が出ます。

今まで誰かとの会話中にぼんやりしたり、夕方前に疲れ切ったりしていたのが嘘みたいです。

その一方で、頭の中のごちゃごちゃがきれいに片付くと、忘れていた「やるべきこと」に向き合わざるをえなくなります。

いままで先送りしていた、いくつかの重要なことに気付かされ、解決を迫られます。

それは、それらの問題に集中力を注ぐ準備ができたということです。

POINT
05
――倒すべき敵の正体を明らかにする。

鋼の意思を作るために

大切なことから順番に「やろう」「やらなきゃ」を思い出す。

それができる場所や状況に〝次にやること〟を配置しておけば、「やろう」「やらなきゃ」を効率よく片付けていくことはできます。

しかし、どれだけ忙しく過ごしたとしても、それらの行動一つひとつが、私たちの生活を少しでもよくするもの、また、実現したい状態に近づくものでなければ意味がありません。

「ノルマを達成できない人は、ノルマそのものを目標にしている」という言葉もあります。仕事ができない人は、仕事を増やすために仕事をするのです。

ならば、どんな目標を持ち、どんな「やろう」「やらなきゃ」を、優先して行動に移していくべきなのでしょうか。

じつは、**その答えははっきりしています。**

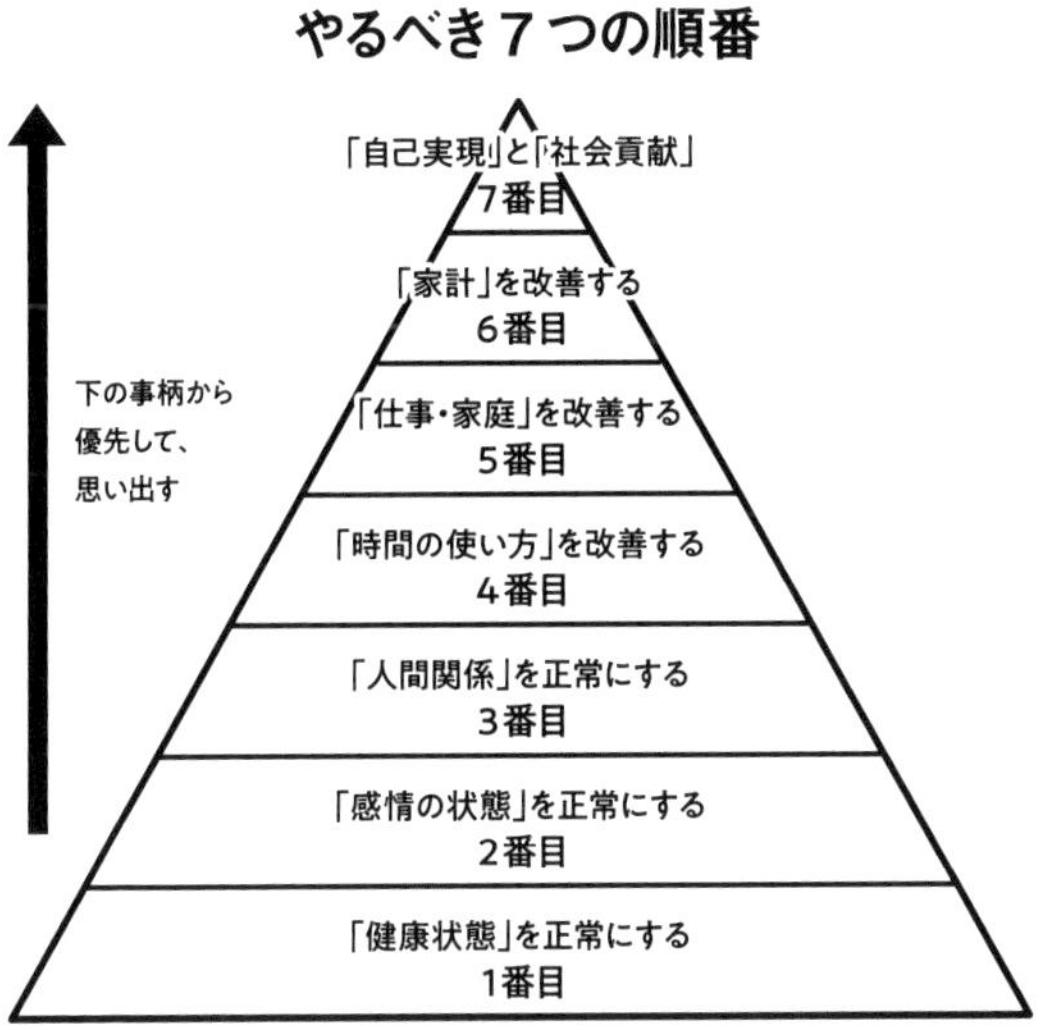

1番目は〝健康状態を正常にする〟ことです。腰痛がひどい、視力が落ちた、睡眠不足などを改善するための行動を優先させましょう。飛躍的ではなく、少しずつでもけっこうです。改善されれば、他の行動のすべてに良い影響を与えます。

2番目は〝感情の状態を正常にする〟ことです。イライラ、悲しい、不安などの気持ちにさせている原因をなくすか、緩和することで、物事を判断する〝軸〟に対する信頼度が上がります。

3番目は〝人間関係を正常にする〟ことです。昼食に誘ってみる、意見交換をする、伝えそびれたことを伝える、連絡

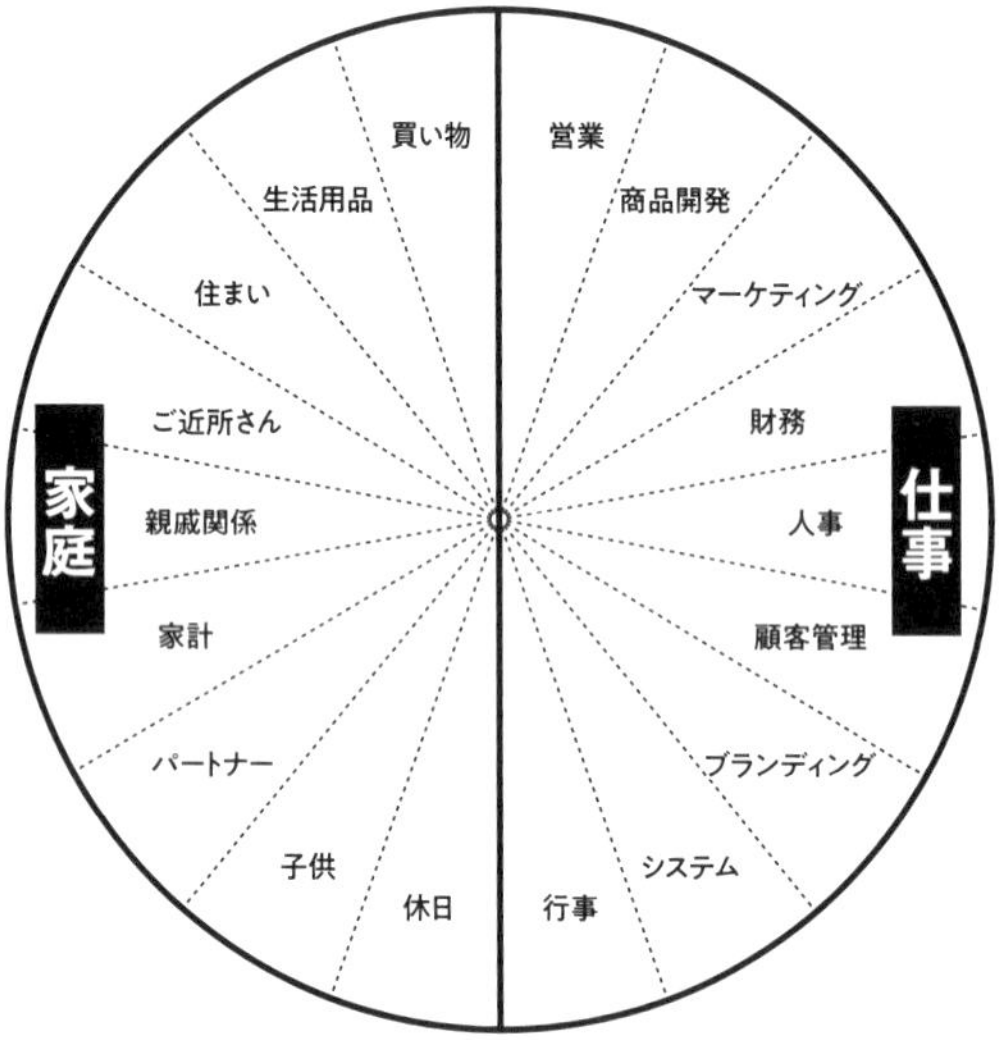

「仕事」と「家庭」は範囲が広いので、
いつも考えていることは、あらかじめ分類しておくと無駄がない

をする、おみやげを渡す、など。一度やれば終わることではなく、思い立ったらやるべきことでもあります。

4番目は〝時間の使い方を改善する〟です。夕方やっていたことを早朝にやってみる、時間の変更を頼んでみる、通う曜日を変えてみる、などです。ずっと負担に感じていたことも、時間の使い方を変えるだけで、前向きにとらえられることもあります。

5番目は〝仕事・家庭を改善する〟です。あえて言うまでもなく、おそらくほとんどの人が頭を悩ましていることです。考える要素がたくさんあるので、上図のようにさらに分類してみることをおすすめします。

6番目は〝家計を改善する〟です。ランニングコストを変えたり、投資の勉強をしたり、保険を見直したりします。大事なことではありますが、取り組む前にやるべきことはたくさんあります。

7番目は〝自己実現と社会貢献〟です。人間が最も満ち足りた状態になるためには、自分がやりたいことを追求し、その力を社会の役に立てることです。しかしそのことに没頭するためには、その前に、他の分野の心配事をなくす必要があります。

このように「やろう」「やらなきゃ」と思うことは、**下の階層にあることほど、優先してやるべき**です。

なぜなら下の階層の状態によって、それより上のすべての階層が影響を受けるからです。

健康状態が悪かったら、なにをやってもうまくいきません。

人間関係の問題に取り組むときは、まず自分の感情を整えてからの方がうまくいくでしょう。

自己実現や社会貢献をめざすなら、まずそれ以外の心配事を解決してからの方が、行動や発言に真実味が増すでしょう。

というわけで、**健康→感情→人間関係→時間管理→仕事（家庭）→財政→社会貢献という順番で考えながら、「やろう」「やらなきゃ」を思い出して、実際の行動計画に加えていきましょう。**

「やろう」「やらなきゃ」は「新規プロジェクトを考える」もあれば「帰りに牛乳を買う」もあります。

重要度でいったら大小はっきりしていますが、メンタルにかけている負荷でいえば同等です。

ある研究によれば、人間のメンタルに負荷を与え、思考力を奪っているのは、**重要なものは2割程度で、8割はごく些細なこと**だと言われています。

空き時間でやれば済むのに、優先順位の高いことは、できるだけ早くやった方が良いでしょう。

POINT
06

——大事なことは、二度考えない。

HOW TO PRODUCE IMMEDIATE RESULTS AND TAKE ACTION

QUEST

CHAPTER 2

クエストを決める

今日の自分を道に迷わせない
「完全な行動計画」とはなにか。

鋼の意思を作るために

「今日のあらすじ」を書く。

やることが記憶から消えるのは、ほんの一瞬の出来事です。

誰かに声をかけられた瞬間、デスクに置かれた書類やメモを見た瞬間、椅子に腰をかけた瞬間、まったく今日の予定になかった「やろう」「やらなきゃ」がひらめくと、とたんにそちらへ行動が運ばれてしまいます。

そのような事態を避けるために、多くの人は「予算の相談」「新商品の資料に目を通す」「プレスリリース作成」「薬を飲む」「サイト更新の手順を変える」「中高生の市場をリサーチする」といったようなToDoリストを作ります。さらに行動しやすくするために、「2番目の引き出しから、新商品の資料を出す」「プレスリリースの構成を15分考えてみる」というように、自分が見てわかりやすく、簡単にできそうだと思える、〝次にやること〟に変換している人もいるかもしれません。

でもそれだけでは、きっと足りません。

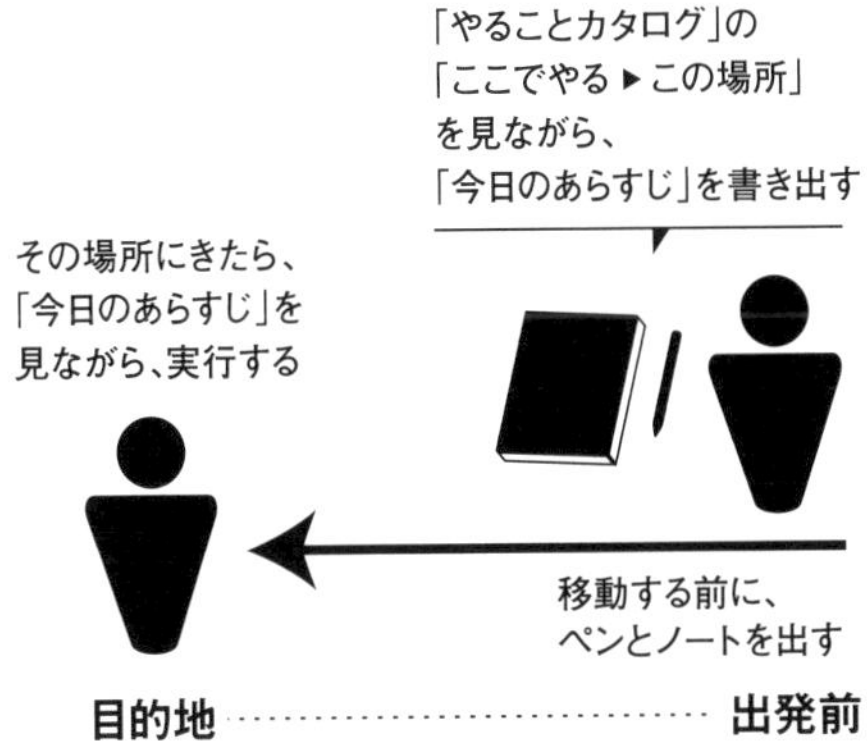
「やることカタログ」の
「ここでやる▶この場所」
を見ながら、
「今日のあらすじ」を書き出す
その場所にきたら、
「今日のあらすじ」を
見ながら、実行する
移動する前に、
ペンとノートを出す
目的地
出発前

ＴｏＤｏリストは、行動の自然な流れを表現していないからです。やってはブツッ。またやってはブツッ。行動と次の行動がイメージの中でつながりにくいのです。ＴｏＤｏリストを眺めているだけで、意識がバラバラに持っていかれてしまいます。

そのせいでＴｏＤｏリストを使っていた頃の私はよく、ひとつの行動を終えたあと、もうＴｏＤｏリストの存在すら忘れてしまっていることがよくありました。

そこでおすすめしたいのが、**「今日のあらすじ」を書き出すこと**です。

会社から家へ。パソコンの前から電車の中へ。○○さんとのミーティングから、××さんとのミーティングへ。場所や状況が移り変わる前に、

For example

書くタイミング

夕方のカフェ

書く内容

明日の朝、家を出る前にやること

(先に書く)

さて、

今日からインプット強化月間スタート！

(先に書く)

ここからまず、

カーテンを開けて朝日を浴びて、

プロテインを飲んで、

スクワットを100回して、

シャワーを浴びて、

いま気になっていることを10分で書き出して、

そこから『人生は15分で決まる』

という本を15分読んで、

英語の復習を15分して、

10分メールチェックをして、

ブログを10分で書いて、

投資のことを30分調べて、

(最後は「て、」のままにしておく)

スーツに着替えて、出かけて、

For example

書くタイミング

家を出る前

書く内容

今日、オフィスでやること

（先に書く）さて、

いよいよ特別講演会まで1週間を切った！

（先に書く）ここからまず、

Aさんからのメールでの質問に15分で返信して、

『他働力』の付箋を貼ったページをスキャンして、

Bさんが来社したら、

③ スピーチのテーマを一緒に30分考えて、

ノートにしびれるフレーズを15分書き出して、

① 主催者に、使える機材のことを電話で確認して、

ランチに出かけて、コンビニでボールペンを買って

帰ってきたら、

チラシ用のコメントを15分で書いて、

お客さんへのお礼状を15分で書いて、

講演用のテキストの内容を15分で見直して、

② Cさんから返事がきてたら、Dさんにデータを送って、

（最後は「て、」のままにしておく）

（順番を変えたいときはその行動を囲み、数字をふる）

次の場所や状況でなにをすればいいか、「やることカタログ」の〈ここでやる〉を見て、**自分の行動の流れを想像しながら、やることを書き出していきます**（私はその〝あらすじ〟のことを、気分を盛り上げるために「脚本」と呼んでいます）。

普通のＴｏＤｏリストと違い、「今日のあらすじ（脚本）」のいいところは、自分の行動を〝流れ〟として把握できることです。

書き方はこういう具合です。

まず書きはじめる前に、先に**「さて」「ここからまず」という言葉をノートに書いておきます。**

なぜこの２つの言葉を先に書いておいた方がいいかというと、私たちの脳は「これからやること」を考えるとき、まず過去のことに意識を向けがちだからです。ああいう言い方はまずかったかもしれない。そもそも自分が引き受ける必要があったのだろうか？あのアイディアを提案したのは誰だろう？　といった具合です。

事後検討をはじめてしまうと、思考がなかなか先に進みません。

そこで、「さて」、「ここからまず」「さて」、「ここからまず」というシグナルを脳に送りこんでから、〝これからやること〟を一気に流れに乗って書き連ねていきます。

「さて」のあとには〈さて、週明け一発目！　新プロジェクトをついに始動〉〈さて、今日は定時で帰るぞ！〉〈さて、恒例の第2金曜日、アポ取りまくりＤＡＹ〉などのテーマを書きます。自分を鼓舞するためのテーマといってもいいでしょう。

それから「ここからまず」と書きます。

そして、「やることカタログ」の〈ここでやる〉を開きます。

その〈ここでやる〉を見ながら、自分の行動計画を「こうしたら、こうして、そのあとこうして……」と流れを想像しながら書きます。

ポイントは、**文章の形をすべて「〜して」「〜して」「〜して」でそろえること**です。最後は続きを書き足す可能性もあるので、しめくくらずに、「〜して」のままにしておきます。

「今日のあらすじ」に書く上で、次のことを優先しましょう。

1、その状況でしかできないこと。

その場所、その会社、その人、その会議、その移動中、その待ち時間など、「その状況でしかできないこと」をなるべく優先しましょう。その状況でなくてもできる〝思いついてしまった〟ことは、メモに残すか、「やることカタログ」の〈あとでやる〉に入れて、忘れます。

2、その時間の長さでしかできないこと。

まとまった時間が取れるときは、誰かとのアポイントを入れたり、観たい映画を観たり、整体に行ったり、少し離れた場所での約束を入れるなど、その時間を使い切れる行動を優先しましょう。

3、すぐにできること。

「すぐにできること」を、合間合間に、散りばめておきましょう。どうしてもやる気が出ない日は、「今日のあらすじ」に書かれている、「すぐにできること」だけでもせめてかたっぱしからやろうと決めておきます。

やる順番を変えたくなるときもあるでしょう。でもそれはあとで考えれば良いことです。すべての行動を書き終えたら、**順番を変えたい行動を赤いペンで囲み、そこに順番をふっていきましょう。**

これで完成です。

あとは「移動したらその場所で『今日のあらすじ』を見る」だけです。

ちなみにＴｏＤｏリストとは違い、終わらせることが目的ではないので、すべてをやり切ったかどうかはたいした問題ではありません。書き出した行動の、大半ができなくても大丈夫です。

ですから、行動はなるべく「たくさん」書きましょう。やることに余裕があると、一つひとつの行動にかける、判断と処理のスピードが遅くなるからです。

そのかわり、やり残したことは、次の日に繰り越しましょう。**取りこぼした行動は、次回「今日のあらすじ」を書くときに、前のページを見ながら転記**すれば、「やろう」「やらなきゃ」は自然に進んでいきます。

あるいは「やらなかった」ということは、その行動はそもそも本気でやるつもりはなかったのかもしれません。またやるべきタイミングがきたらやろうと決めて、潔《いさぎよ》くその行動を消すこともひとつの選択です。

しつこいようですが、大事なことは**「移動したらその場所で『今日のあらすじ』を見る」こと**です。

「今日のあらすじ」を書き終えたあと、トイレで用を足し、お会計を済ませ、イヤホンを耳に突っ込み、エレベーターの中でスマートフォンをチェックして、お店のドアを開けたら、行動計画を立てたことなんてもうすっかり忘れているに違いありません。

家に帰ってきて、ソファに深々と腰を沈めて、しばらくスマートフォンを触ってから、バッグからのぞいているノートをなにげなく手に取る。そこからようやく「ここからまず、プロテインを飲んで……」というストーリーがはじまるのです。

POINT
07
――筋書きがあるから、アドリブもできる。

鋼の意思を作るために
〝勝算ノート〟を作る。

自分のこれからの行動を決める「今日のあらすじ」は、必ず1冊の、同じノートに書いてください。別の手帳に書いたり、メモに残したり、パソコンに打ち込んだり、気まぐれに書いてしまうと、「毎回、『今日のあらすじ』を見る」という習慣が外れやすくなります。

私はモレスキンを使っていますが、どんなノートでもけっこうです。1冊、**「今日のあらすじ」専用のノートを用意してください。**

そのノートの表紙に、私は気持ちを込めて〝勝算ノート〟というタイトルを書き入れています。今日一日の私の弱い心に勝利するため、そして私の仕事そのものに勝利をもたらすためのノートだからです。

白星を呼び寄せる、〝勝算ノート〟の作り方をお教えします。

前半

1ページ目

意識したいこと

ATTENTION

習慣(身につけたい)、
知識(増やしたい)、
問い(考え続けたいこと)。
付箋に書く。

2ページ目

実現したいこと

BURNING DESIRE

68ページの
「やるべき7つの順番」
を見ながら、今年中に実
現したいことを書く。

3ページ目以降

そのための計画

PLAN

「実現したいこと」を
実現するための計画。
思いつくたびに、メモを書
いたり、付箋や資料を
貼り付ける。

後半

今日の予定

DIARY

「今日のあらすじ」と、
今日得た情報のメモ。
読んだ本、
人から聞いた話、
街で見つけたものなど。

ノートを開いた1ページ目。表紙の裏。本編に入る前の、厚紙のページ。そこには**身につけたい〝習慣〟、吸収したい〝知識〟、考え続けたい〝問い〟**を、それぞれ付箋に書き、貼り付けておきます。

こうしておくことで、「一日1万歩あるく」「糖質を制限する」「デスクとデスクトップをなにもない状態にする」といった習慣や、今知識を増やしたいジャンルの本や、「どうすればリピーターを増やせるか？」「どうすればもっと快適に仕事ができるか」などの答えを、〝次にやること〟と「今日のあらすじ」に反映しようとする意識が働きます。

なぜ「付箋」に書くかというと、あとで更新したくなる可能性が高いからです。

2ページ目には**今年、実現したいこと**が書かれています。

これは言い換えると「今年、後悔しないためのリスト」です。年の暮れになるたびに、いつも「今年も結局なにもできなかった」と後悔する、あの現象が続くのがずっと不思議でした。でもある時、わかったのです。

この一年が終わったとき「なにができていなかったら、後悔するか？」あるいは「なにができていたら、他のことができていなくても、充実したと言えるか?」と思うことを目立つところに書いておけば、その心配はなくなります。それを実現させるための行動を、毎日の行動計画に加えていくだけです。

3ページ目からは、2ページ目に書いた「実現したいこと」を、1ページにつきひとつずつ書きます。

その下には、それぞれを実現するための計画が**「思いつくたびに」書き足されます。**実現を助けてくれそうな人や組織の名前を書き足したり、新しく手に入れた資料を貼り付けたりすると良いでしょう。

次のページから、「今日のあらすじ」を書いていきます。

「今日のあらすじ」は、前半の「意識したいこと」「実現したいこと」を見ながら書きます。

「今日のあらすじ」と「実現したいこと」を見比べてみて、どの行動が、どの「実現したい」ことと結びついているか、たしかめてみてください。

もし**当てはまる行動がいくつかあれば、その分、年末に後悔する確率が下がった**ということになります。

自分はどこに向かっている途中で、今日なにをしようとしているのか。なにが順調に進んでいて、なにが停滞しているのか。〝勝算ノート〟を見れば、いちいち忘れずに済み、いつでも自分が今日進むべき本道に戻ってくることができます。

また、その日得た情報も、「今日のあらすじ」の下に記録しておくと良いでしょう。得たばかりの新鮮な情報は、明日の行動計画に良い影響を与えてくれることが多いからです。

POINT
08
最後の敵を見ながら、装備を整える。

鋼の意思を作るために

トリガーを仕掛ける。

〝やろうと決める自分〟と、〝実際にやる自分〟は違います。

たとえば家に帰って仕事の続きをやろう、と決めていたけれど、家に帰ったら急にやる気がなくなってやめた。

これは意思の問題ではなく、ただ準備不足なだけです。

もし私が「今日は食べ過ぎたから、明日の朝30分走ろう」と決めたとしても、やると決めた自分は走っていないので、実感がありません。

〝実際にやる自分〟に、ただ「明日の朝30分走れ、どんなに眠くてもやれ」のような伝言をするのはちょっと厳し過ぎるかもしれません。

全然やりたくないかもしれない未来の自分が、ちゃんと行動してくれるように、**丁寧に、完璧に、お膳立て**してあげましょう。

言葉はいりません。夜寝る前に、明朝の自分の行動を想像しながら、これを置いてお

切手を
お貼り下さい

113-0023

東京都文京区向丘2-14-9

サンクチュアリ出版

『QUEST　結果を勝ち取る力』読者アンケート係

ご住所　〒□□□-□□□□	
TEL ※	
お名前	男 ・ 女 （　　歳）
ご職業 1 会社員　2 専業主婦　3 パート・アルバイト　4 自営業　5 会社経営　6 学生　7 その他	
■サンクチュアリ出版のメルマガを希望される方はこちらにメールアドレスをご記入ください。※	

お名前・ご住所などの個人情報は、読者プレゼントの発送のみに使用し、その目的以外に使用することはありません。

※**確認のご連絡をさせていただく場合がございますので、必ず電話番号もしくはメールアドレスどちらか一方の記載をお願いします。**

弊社HPにレビューを掲載させていただいた方全員にクオカード（1000円分）をさしあげます。

いて、これを見える場所に貼って……と**物を仕掛けておく**のです。

よし、罠をすべて仕掛けた。これでもうバッチリ！　と安心してベッドに入る。

ところが……目が覚めると、もうなんにも覚えていない。なんでこんなに早く目覚ましが鳴っているのだろう。目覚まし時計がどこにも見つからない。仕方なくベッドから這い出ると、目覚まし時計はずいぶん離れたところで鳴っているようだ。どうやらリビングにあるらしい。ようやく停止した目覚まし時計の横には、いつも朝起きたときに飲む水の入った水差しがある。コップを取ろうとすると、コップの下にジョギングウエアが置いてあった。なんだこれは。これに着替えるのか。よくわからないまま着替える。ポケットに小銭が入っている。コンビニで食パンを買うんだ。玄関を出て、走り出す。朝の光に包まれながら5分ほどたって、ようやく気づく。ああそうだ、**今日から朝走ろうと決めていたんだ。**

こんな具合です。これを「明日の朝30分走る」と決めているだけでは、〝実際にやる自分〟のそのときの気分に完全にゆだねられます。それでは確実ではありません。

これのそばに、これがある。これをしないと、これに進めない。これを進めると、次にこれがある。というふうに、自分をうまく誘導していくことで、新しい行動を開始、あるいは定着させやすくなります。

脳の基本的な性質は「if then」、**もしこうなったら、こうする、という思考**をしています。

やろう、やろう、やろうと何度も思い出すのはなかなかパワーがいることですが、脳が自動的に反応する「もしこうなったら」というトリガーがあれば、いやがおうにもそちらに進んでいきます。

ただ「帰宅したら◯◯する」の「帰宅したら」というのは、トリガー表現としてはあいまい過ぎます。

帰宅して、バッグを置いたら◯◯する、手洗いうがいをしたら◯◯する、スーツから部屋着に着替えたら◯◯する、というふうに具体的な表現をしておくと、より行動しやすくなるでしょう。

いわば、ホイッスルが鳴るとイメージしてください。たとえば「玄関を開けたら1分以内に」と決めると、玄関を開けたとたんにピーッと頭の中でホイッスルが鳴り、次の行動に向かってまっしぐらに突進することになります。「帰宅したら」だとそうはいきません。ソファでゆっくりしているうちに、なにをするのか、あるいはなにかをしようと思っていたことすら、忘れてしまうかもしれません。

視覚的なインパクトも重要です。

たとえば部屋着がしまってある棚に、勉強すべき英語の本をどっさり置いておく。ソファの上にダンベルやプッシュアップバーなどの筋トレグッズを並べておく。目を通さなければいけない書類をトイレに貼り付けておく。

明らかに違和感があるものが存在すれば、どんなに別のことを考えていても気づき、「それをするつもりだった」ということを思い出すでしょう。

POINT
09

——迷わないように、道しるべを置いておく。

鋼の意思を作るために

「しめきり」は管理しない。

仕事には必ず「しめきり」があります。

忙しく働いている。なのに、ずっとなにかの「しめきり」に追われている。

そういう人は「しめきり」の扱い方に、工夫の余地があるのかもしれません。

多くの人は「しめきり」を次のように扱います。

新しい仕事が入ってきたとする。それが、今日中にできる仕事ならば今日やる。一方、今日中にできない仕事なら、「しめきり」をたしかめて、その日時をカレンダーに記入する。

そしてそのまま当日まで放置して、やる気になったらやる。あるいはしめきりの前日か前々日に、「その仕事をやる」あるいは「その仕事に着手する」という作業を記入しておく。

私は「しめきり」をそのように扱って、実際うまくいったことはありません。

もちろんカレンダーに「しめきり」を記入することは、脳に危機意識をうながすので一定の効果があります。

でも、ことあるごとに「気にさせられる」のは問題です。そして何度も「気にさせられる」ことが重なるうちに、あらかじめ「その仕事をやる」と決めていた日がきた頃には、非常に面倒くさいこととして認識していて、そのまま先送りをしてしまいがちです。

そこで、**コントロールのしにくい「しめきり」ではなく、比較的コントロールしやすい〝次にやること〟を管理**することをおすすめします。

まず、その仕事の〝次にやること〟を決めます。そして「やることカタログ」の〈ここでやる〉のフォルダの中に、しめきり日と一緒に入れておくのです。

プレゼン資料を作成するという課題があった場合、たとえば〝プレゼン資料のアイディアを15分間出す〟という〝次にやること〟を決めます。

そして〈ここでやる〉の「@電車」「@パソコン」「@スマートフォン」「@職場」などに、〝プレゼン資料のアイディアを15分間出す（作成のしめきりは○月○日）〟と書いておいて、**「しめきり」とは関係なく、できるときに、実行します。**

そのまま気分が乗れば進めればいいし、乗らなかったら15分間アイディアを出して終了。

〝次にやること〟を決めて、また@どこどこに記入します。

そのように**「できるときに、できる場所で、少しずつ進めていく」と、「しめきり」に追われることは減ります。**

一方、誰かに「しめきり」を決められていなくても、その日までに「やらなきゃ」と思っていることも同じように管理します。

もしも数日後にスピーチをすることが決まっていたら、その日までに「スピーチの原稿を書く」という「やらなきゃ」があります。

内容を頭に入れたいから、スピーチ当日の3日前までには原稿を完成させたい。

普通ならば、カレンダーの3日前のところに「この日までにスピーチ原稿を書く」と記入して、放置してしまいがちです。でもずっと「スピーチの原稿を書かなきゃ」というプレッシャーと戦うのはなかなか苦しいものです。

だったら、とりあえず自己紹介文を3行だけ書いてみるのはどうか?

YouTubeで人気があるスピーチを見て、話のつかみを盗んでみるのはどうか？

そういうアイディアが出た場合、どちらもスマートフォンさえあればできることなので、「やることカタログ」の「@スマートフォン」に〈自己紹介文を3行だけ書く〉〈人気スピーチの冒頭3分間をかたっぱしから観る〉と書いておきます。

私はジムに行くことが習慣になっています。〈人気スピーチの冒頭3分間をかたっぱしから観る〉はランニングマシンを利用しながらでもできることなので、「@ジム」にも、きっと同じことを書いておくことでしょう。

このプランがうまくいけば、有酸素運動をしながらスピーチの研究ができるので一石二鳥です。

このように「しめきり」を分散して扱うことによって、時間が少しずつ浮き、結果的に、お尻に火がついてあわてるような事態は激減します。

POINT 10
お尻ではなく、頭から見る。

鋼の意思を作るために

メールを「やることカタログ」化する。

パソコンで仕事をしている人ならば、「メールと向き合っているうちに一日が終わる」と感じている人も多いことでしょう。

メールは、電話や声がけのように、お互いの行動を強制的に遮ることがないので便利です。反面、お願いなのか、お知らせなのか、OKなのか、提案なのか、質問なのか、メールを開いてみるまでわからず、大きいこと、小さいこと、粒もバラバラ。

開くたびにチャンネルが切り替わり、毎回はじめから考えることになるので、一通一通まともに向き合っていたら、時間がいくらあっても足りません。

メールはいわば**「やろう」「やらなきゃ」の発生装置**だとも言え、処理しているだけで仕事をしている感がありますが、実際はまったく仕事が進んでいないということもあります。

そこでメールは一通一通向き合わず、通常の「やろう」「やらなきゃ」と同じように、

真面目な事務員になったつもりで、事務的に処理していきましょう。

メールソフトの中にも前述した「やることカタログ」のように、次のフォルダを作ってください。

1、行動する
2、あとで連絡する
3、連絡待ち（お願いしている、問い合わせている、という記録）
4、判断材料（あとで見返す可能性のあるメール。あるいは証拠）
5、休憩時間

そしていずれかのフォルダに受信トレイにあるメールを、**受信トレイが空っぽになるまで分けながら、無くしていきます。**

まず一番大事なポイントは、今開いたそのメールの内容に、**自分の「やろう」「やらなきゃ」を含んでいるかどうか**です。

含んでいる場合は、**なにも考えずに「行動する」に入れます。**

次にこちらから連絡をすべきだけど、緊急度の低いものは「あとで連絡する」に入れておきます。

それから、「○月○日までお待ちください」「検討させてください」といったメールは、忘れてはならないので、記録として「連絡待ち」に入れておきます。

それ以外のメールは見て確認したら捨てるか、あとで見返す可能性があるのであれば、「判断材料」に入れておきましょう。「判断材料」のフォルダ名は必要に応じて人の名前や、会社の名前にしてもよいでしょう。

あとは好みですが、緊急でも重要でもないけれど、面白そうなメール、興味深い記事や動画へのリンクなどは、「休憩時間」というフォルダに入れておいてもいいでしょう。休憩中やすることがないときに「休憩時間」を見る、と決めておけば、すばやく面白そうなものにアクセスすることができます。

いずれのフォルダにも当てはまらず受信トレイに残っているのが、**「いますぐ返すべき、緊急のメール」になります。**

ちなみにこちらから用があってメールをするのは「意思のモード」でコントロールができますが、メールの返事は「対応のモード」です。「早く返さなきゃ」という気持ちにとらわれていると、そのままトカゲの脳になりやすく、思わぬミスや、思ってもいない感情が出やすくなります。

もし仕事上、許されるならば、**一日2～3回の返信タイムを設けて、特別なとき以外はメールソフトを立ち上げない**ようにしたいもの。

そうするだけでも、仕事はずいぶんはかどります。

POINT
11
——**ラリーに夢中になっても、試合には勝てない。**

HOW TO PRODUCE IMMEDIATE RESULTS AND TAKE ACTION

QUEST

CHAPTER 3

クエストを始める

「自分の意思は弱い」と認めるほど、
意思は強くなっていく。

鋼の意思を作るために

「得たい結果はなにか?」をたしかめる。

あるときデスクで作業をしていました。でもそのときは少し仕事が立て込んでいて、デスクの上に書類や、ペットボトルや、文房具や、人からいただいたおみやげなどが散らばっていました。それでも作業ができないほどではなかったのですが、使えるスペースが限られていて、ちょっと窮屈だったのです。

そのときにふと「デスクを使う目的とはなにか?」を考えました。そうしたら、とても納得がいったのです。それは当たり前ですが、快適にのびのびと仕事をするためでした。だったら、事情はなんであれ、デスクの上には余計なものがあるべきではないと思い知ったのです。

そのときに私は完全に理解しました。それは**どんな物事にも「得たい結果」がある**ということ。だから要するに、どんな物事であれ、「得たい結果をたしかめておく」ことが大切なんだと。

たとえば「この作業で、とにかく得たい結果はなんなのか」とか「この人の、得たい結果はどこだろう」とか「得たい結果に近い本はどれ？」というのを見つけ出し、そのためにできることだけを考えれば、**無駄な「やろう」「やらなきゃ」が発生しなくなるのです。**

はじめはただ、散らかったデスクの上をきれいにするきっかけを見つけただけだと思っていましたが、どんどん考えていったら、誰かの悩み事にも、来週の飲み会にも、今ほしいと思っている物にも、引越し先の家にも、どんな物事にも「得たい結果」というものが必ずあって、それがなにかを面倒臭がらずにたしかめることによって、より早くその結果にたどり着けるものだと気づきました。

「メールの返信」という小さな行動ひとつとってもそうです。**毎回、このメールに返信することによって「得たい結果はなんだろう？」と問いかけてみる価値はあります。**ただ丁寧語を使って、失礼がなければいいわけじゃない。そのできない理由を説明するために、長々とメールを書くのは時間がもったいないです。お客様に安心して利用していただきたいとか、深く感謝していることを伝えたいとか、内容をわかりやすく確実に伝えたいとか、きっとなにかしらの得たい結果があって、この一通のメールを書くのでしょう。

得たい結果はなにか？　勝利条件はなにか？　どうなれば目的を果たせたと言えるのか？

ふだんのなにげない行動こそ、そんなふうに問いかけてみることで、意外な発見がありそうです。

資料の作成を頼まれたとしたら、その資料の「得たい結果」を、頼んできた相手に聞いてみるべきです。

その資料を時間をかけて作成しなくても、別の方法でその結果を簡単に得られるかもしれません。

POINT 12
——集中するべきは、問題点ではなく結果。

鋼の意思を作るために

時間を区切る。

ここまでの手順を踏むことにより、「やろう」「やらなきゃ」は整理されました。

そして〝これからやること以外、気になることはない〟〝これからやることは、今やるべきことだ〟という心の状態に近づくことができたと思います。

あとは行動するだけですが、その前にやっていただきたいことがあります。

それは**「時間を区切る」**ということです。

なんだそんなことか、と思われるかもしれません。でも「何分単位で区切ってますか」と聞くと、**ほとんどの人が「1時間」と答えます。**だから作業を見積もるときに、手帳にhourを表す「H」を書き入れます。30分ならば、0・5Hです。「0・5H」という文字を見てみてどうでしょうか。実際に行動しているときの自分は、その時間で終わらせるイメージができていないのではないでしょうか。

ただ「このことをやる」しか書いてなければ、終わるまでただひたすらやることになるでしょう。

でもどんな仕事もそうですが、ただ時間をかければいいというわけではなく、できるだけ早く進めなければなりません。

一日は集中するには長過ぎるのです。

サハラマラソンに10回出場したある人は、約230キロの道のりで、どうやって走りに集中できたかと聞くと、「15分間走ること」しか考えていなかったそうです。15分間走って、水を飲む。15分間走って、水を飲む。ただそれだけです。

イギリスからフランスまで泳いで渡った人は、かいて、かいて、吸って、という3つの言葉をくり返したそうです。

彼らは「今どこだろう」とか「できるだろうか」など、いちいち考えなければ、人はすごいところまで到達できる可能性があることを証明してみせてくれました。

対象以外の物事を消して、今自分がやっていることだけに集中する。

そういう状態を作り出すためには、自分なりの時間の区切りが必要です。

私のおすすめは**「15分間単位」で区切ること。**

ある研究において、60分ぶっ通しで学習したグループよりも、休憩時間を挟んだ15分を3セット（合計45分）学習したグループの方が、テストの点数が良かったという実験結果があります。私の実感としても「15分間」は集中力を保つことができます。

ためしにタイマーを15分間にセットしましょう。

そして「この15分間は、これしかやらない」と頭の中で宣言し、作業に取りかかりましょう。すぐ集中することができるはずです。

15分間でメールを5通返す。15分間でこの本を読めるところまで読む。15分間で報告書を書けるところまで書く、などです。

できればその間は、新たに届いたメールにも、スマートフォンにも、声がけにも反応しないようにします。

気が乗らないことも、とりあえず15分間だけ試してみましょう。

そして、うまく自分を「やる気」にさせられることができたら、さらに15分間追加します。集中できなければ、別のことを15分間はじめます。読書なら、別の本を読みます。15分間集中できなかったとしても、ゼロよりはよっぽどいいに決まっています。

あまり細かく中断したくない作業は、15分間を1単位として、「30分間」か「45分間」で区切りましょう。ただし45分間までとしてください。時間をそれ以上かけると能力が落ちますし、46分間以上かかりそうなことであっても、**「45分間でやらなきゃ」と思うからこそ集中しやすく、意外とその時間内に終わらせられるもの**だからです。

気が散ることも、やりたくないことも、タイマーをつけて、ちょっと我慢してやるかと思ってやりはじめると、楽しくなってくるもの。その状態にさえもっていければ、あとはやるだけです。

ちなみに、自分では没頭しているつもりでも、疲労から〝トカゲの脳〟になっていて、まったく見当違いな仕事をしていることもあります。

でも時間を強制的に区切ることによって、自分の能力が落ちていることにもちゃんと気づけるようになります。

POINT
13

時間がほしければ、圧縮すること。

鋼の意思を作るために
強制休憩をはさむ。

能力を落とさないために最も大切なことは、**休憩を「強制的に」入れること**です。なぜ「強制的に」かというと、仕事に集中しているときは、中断することの方が、むしろ面倒くさいことに感じられるからです。

でも2、3時間くらいがんばってから休憩、という働き方をすると、脳がダメージを受け過ぎてしまうので、10分間やそこらの休憩では回復できません。

ですから、**「疲れたら休憩」ではなく「疲れる前に休憩」**を挟みましょう。タイマーを使って45分間の作業につき、5分間のペースで休むと良いと思います。

休憩とはなにか、といえば簡単。

とりあえず**「椅子から立ち上がってみること」**です。

立ってみて、ひと息ついたら、歩きまわってみてください。水を飲んでみてください。戻ってきたらストレッチをしてみてください。

すると気づくはずです。

「ああ、疲れたなあ」と感じた時点で休んでもなかなか復活できないものですが、疲れる前に体を動かしておけば、なかなか疲れないものなのです。

ストレッチをして、椅子に戻ったら、気晴らしをしましょう。どうでもいいメールの返信をする、本棚を整理する、パソコンの汚れを拭く、「やることカタログ」の「休憩時間」の中に書かれていること、気になっていた動画を観る、調べたかった言葉を調べるなど、とにかく頭を使わないことを、だらだらやりましょう。**休憩の5分間は、思考を止めてほしい**のです。

お昼などにまとまった休憩を取れるときは、ごはんのついでに合計20分間以上の長めの散歩をしましょう。脳に太陽光と酸素を送り込むと回復が早くなります。

ものすごく疲れて眠いときは、特例として15分間タイマーをセットして寝ます。

休憩の終わりには、1分間タイマーをセット。深呼吸をしながら、これからやろうとしていることに考えを集中させましょう。きっと、早く動きたくてウズウズしてくるはずです。

POINT
14

何回も休むのは、早く終わらせるため。

鋼の意思を作るために

視界から「時間泥棒」を消す。

「体重の増加は、スーパーで起きている」という言葉があります。

つまり、食べることを我慢できるかどうか、というチャレンジ以前に、太るものを買ってしまうことが原因なのです。

それらが冷蔵庫や棚の中に入っているというだけで、食べるつもりがなくても、食べることを思い出してしまいます。思い出してはいけない、と抵抗するほど、思い出してしまう性質があるのはご存知の通り。

どんな誘惑でも、見たら負けです。

なんでもある状態が最も意思が弱く、なんにもない状態が最も意思が強い。

〈惰性のモード〉に流されてしまわないためには、どうすれば〝それ〟がない状態にするかを考えます。

あえて理由を説明するまでもなく、最も身近にして、**最も強力な時間泥棒は、間違い**

なくスマートフォンです。

時刻を確認しようと思って見ただけなのに、気づいたら1時間以上経過していた、なんていうことはざらにあるでしょう。

スマートフォンは無駄なことが極力排除されており、少ない手順で、ほしい情報に到達できるので、つねに〝次にやること〟の候補として強力です。おまけに持ち運び自由。昼夜を問わず「気になる存在」として、私たちの暇やさみしさを埋めてくれます。

もちろん生活を便利にしてくれるものですし、私もたくさんの恩恵を受けています。

しかしいくら気をつけていても、〈惰性のモード〉に取り込まれることを知っています。

「もう救いようがない」と我ながら思うときは、こういう状態です。フェイスブックを見て（コメントつかないかな）、インスタグラムを見て（もっと〝いいね〟がつかないかな）、ツイッターを見て（リプライきてないかな）、3つのアイコンを点とした三角形をぐるぐるなぞっているうちに、ふと（終わってるな）と気づきます。

スマートフォンで「やること」を管理するのすら怖い。「やること」を確かめようとして、つい他のアプリをタッチしてしまうからです。

スマートフォンをいじっていると快感を得られます。本を読んだり、計画を立てたり、新しいことを試すと充実感を得られます。どちらが人生にとって最終的に正解なのかはわかりませんが、充実感を得た方が「良かった」と思えるので私は好きです。

ですから、オフィスで仕事をするとき、スマートフォンはバッグのできるだけ奥深くにしまいます。反射的に(見たい)と思ったときに、**取り出すまでの手順が多いと、思いとどまることができます。**インターネットは、ボタンをクリックしてからページが開くまでに5秒間かかると、ほとんどの人は離脱してしまうそうです。その**「5秒間の待ち」をつくれるかどうかが勝負**なのです。

また、バッグを持っていないときは、スマートフォンを本でふたをしたり、ノートに挟んだりして見えないようにします。そうするだけで、だいぶ気にならなくなります。戦略なんてそんなものです。ちょっとの間でいいのです。

実際、それもある実験で証明されています。学習中、スマートフォンをデスクの上に置いた場合。バッグの中にしまっておいた場合を比較すると、バッグの中にしまっておいた場合の方が、テストの成績が良かったそうです。

スマートフォンを手元に置いたまま、仕事をしたり勉強をしたりするというのは、拷

サンクチュアリ出版 = 本を読まない人のための出版社

はじめまして。サンクチュアリ出版・広報部の岩田梨恵子と申します。
この度は数ある本の中から、私たちの本をお手に取ってくださり、
ありがとうございます。…って言われても「本を読まない人のための
出版社って何ソレ??」と思った方もいらっしゃいますよね。
なので、今から少しだけ自己紹介させてください。

ふつう、本を買う時に、出版社の名前を見て決めることって
ありませんよね。でも、私たちは、「サンクチュアリ出版の本だから
買いたい」と思ってもらえるような本を作りたいと思っています。
そのために"1冊1冊丁寧に作って、丁寧に届ける"をモットーに
1冊の本を半年から1年ほどかけて作り、少しでもみなさまの目に
触れるように工夫を重ねています。

そうして出来上がった本には、著者さんだけではなく、編集者や
営業マン、デザイナーさん、カメラマンさん、イラストレーターさん、書店さんなど
いろんな人たちの思いが込められています。そしてその思いが、
時に「人生を変えてしまうほどのすごい衝撃」を読む人に
与えることがあります。

だから、ふだんはあまり本を読まない
人にも、読む楽しさを忘れちゃった人たち
にも、もう1度「やっぱり本っていいよね」
って思い出してもらいたい。誰かにとって
の「宝物」になるような本を、これからも
作り続けていきたいなって思っています。

問に近い行為だと思っています。
スマートフォンは人々とのつながりの象徴ですが、物理的にその意識を断てば、一人の世界に入りやすく、仕事をもっと集中して進められるようになります。

POINT 15

なにをするかではなく、なにをしないか。

鋼の意思を作るために

太陽とリズムの時間を作る。

ふだんからストレスを感じているかどうかはさておき、一日のうちにたくさんの「やろう」「やらなきゃ」を進めた、あるいは終わらせたということは、それだけ脳はダメージを受けていることになります。

翌日にそのダメージを残していたら、せっかく進めた仕事も、すぐにペースダウンしてしまいます。

そのダメージを、**ひと晩かけて修復してくれる作業が〝睡眠〟**です。

ただ長く眠り続ければいいということではありません。

体を休めるという点では「長さ」が必要ですが、脳のダメージを修復するという点では「質」が求められます。

眠りの質は、夜ベッドに入るまでに、どれだけの量のメラトニンの分泌をうながせるかによって変わってきます。

メラトニンとは簡単に言うと、脳に「日が暮れた、仕事は終わった、休みなさい」という指示を出す脳内物質です。

反対に「日が昇った、仕事をはじめよう、動き出しなさい」という指示を出すのが同じ脳内物質のセロトニンです。

セロトニンを日中に十分に分泌させた上で、「日が暮れた」と脳が認識すれば、メラトニンも十分、分泌されることになります。夕方頃からパソコンやスマートフォンを見るのはやめよう、というのは「日が暮れた」という脳の認識を邪魔して、メラトニンが分泌されにくくなるからだそうです。メラトニンの敵は、**脳を昼間だと勘違いさせる、蛍光灯、光る画面など、明る過ぎるものすべて**です。

メラトニンをちゃんと分泌させることができると、眠りが深くなる。つまり脳のダメージの修復がうまくいきます。

そのためにはセロトニンを分泌させることです。

セロトニンは日の出と同時に分泌されはじめて、起きてから2時間ほど盛んになって、昼下がりから減っていくものです。

セロトニンの効果は、意識をはっきりさせて、気持ちを明るくして、姿勢を良くして、表情を引き締めてくれます。

反対にセロトニンが不足すると、意識がぼやけて、気持ちが暗くなり、猫背になって表情がだらしなくなります。それが、うつ症状です。

このセロトニンの分泌を活性化させるのは、おもに**「太陽の光」**と、**「5分以上のリズム運動（歩く、走る、泳ぐ、歌う、噛むなど）」**と**「お腹を凹ませる呼吸」**だと言われています。

日の出と同時に朝日を浴びる。早朝の道を散歩したりジョギングしたり、公園でラジオ体操をしたりする。ガムを噛む。座禅をする時間があるならば、腹筋を使って、10秒ほどかけて、しっかり空気を吐き切るという呼吸を、5分以上おこなう。カラオケも良いそうです。そのようにすれば、鬱々とした気持ちも晴れ晴れとしてきて、よしやろうという意欲が湧いてくるでしょう。

　そんなわけですから、**頭を使う仕事は、なるべく午前中に予定を入れておいた方が得策です。**答えの出にくい問題に取り組みやすいのは、どこからどう見ても間違いなく朝なのです。悩みを解決すること、クリエイティブな発想が求められることなどは、朝から順番に予定していきましょう。
　一方、夜は早く活動を止めましょう。いくら体力があっても、脳は疲れるものです。まだまだできると気合を入れて、夜遅い時間からブルーライトを浴びながら作業を続けても、好ましい結果は生まれにくいし、明日にもひびいてしまいます。セロトニンの分泌をうながすような行動をたっぷりして、日が暮れたらなるべくパソコンとスマートフォンは見ないようにしましょう。そうすれば正しい時間に心地好い眠気がやってきて、明日はダメージゼロで仕事をはじめることができるはずです。

POINT
16
太陽の輝きは、頭の闇を追い払う。

鋼の意思を作るために

「退屈」を1分間だけ我慢する。

頭の中に散らばっていた「やろう」「やらなきゃ」を整理しました。

まず、はじめになにをすればいいか。簡単で、わかりやすい行動を考えて、〝次にやること〟を決めた。それらをすべて「やることカタログ」にしまいました。

それから、今日はどんなふうに行動するか、「やることカタログ」を見ながら「今日のあらすじ」を書きました。

そこまでできました。するとどんないいことがあるのかというと、一番いいことは「退屈な時間を捻出できる」ということです。

〝ボアダム&ブリリアンス＝ひらめきは退屈から〟という言葉があります。

退屈な時間こそが、ずっと心に引っかかっていた問題を一発で解決する方法や、今まで誰も思いつかなかったような画期的な発想を生み出してくれるというのです。

そんな貴重な「退屈」ですが、人によってとらえ方が変わります。

退屈な時間がやってくると、多くの人が「もったいない」と思うのです。まるで穴のあいたポケットからどんどん時間がこぼれていくような危機感を覚え、その気分に耐えきれず、ついスマートフォンに手が伸びてしまいます。

でも、本当はその方がもったいないのです。**「退屈なときこそ、才能が目覚めるとき」**だからです。

こんな実験結果があります。電話帳に記載された人名を上から順番に「音読し続けた」グループと、電話番号を「書き写し続けた」グループをくらべたところ、そのあとにクリエイティブなアイディアを出したのは、「音読し続けた」グループでした。書くことよりも、読むことの方がより受動的な作業だったため、より「退屈だ」と感じたのだそうです。

私たちは変化の起きない状態にずっとは耐えられません。**でも変化が起きないからこそ、面白いことを考える、という変化を起こそうとします。**それなのに、つまらないからといって、スマートフォンで面白がってしまうと、自分の中から面白いことが生み出されにくくなるのです。

私はこのことを知ってから、「退屈」を以前よりも大切にするようになりました。今までは、ほんの少しでも空き時間があるとスマートフォンを取り出すことが癖になっていましたが、今ではむしろ「よし、退屈になろう！」と決めて窓の外を眺めたりしています。ああつまんない、という気分。つまんない、つまんない、という気分。それが1分も経過すると、だんだん面白いことがいろいろと思い浮かんでくるのです。

「なにかしたくなる」をしばらく我慢してみると、私たちはけっこう簡単に退屈状態になれます。手紙を封筒に入れる、洗濯物をたたむなどの単純作業でも、実は脳は活発に動くようです。

カフェ、公園、電車などは、「退屈」をする絶好のチャンスです。スマートフォンをしまい、メモとペンを出してじっとしてみましょう。きっと、なにか書きとめたいことが思い浮かぶはずです。

本気で「退屈」に取り組みたいとき、私はデスクの上にA4の紙の束、付箋、ジェットストリームのペン、置き時計、水差しを置いて、しばらくぼんやりします。この状態にしてみて、なにも良いアイディアが思いつかなかったことはいままでにありません。

POINT
17
退屈は、発想の母。

鋼の意思を作るために
不便な環境に移動する。

〝次にやること〟に集中したい。ならば必要な物だけを持って、他のことができない場所に行きましょう。じっくり検討したい資料があるならば、その資料と財布だけを持って、静かなカフェに行きます。じっくり作成したい書類があるならば、ノートとペンだけを持って、誰もいない会議室へ行きます。物事を力強く進めるためならば、気が散る状況に我慢して身を置き続ける必要はありません。

今より不便な環境に移動すれば、〝次にやること〟はそれだけ早く片付きます。

さらにもっと早く片付けたければ、**その〝次にやること〟に対する真剣さに応じて、投資する金額に差をつける**のも効果があります。

私の場合、時間をかけてじっくり考えなければいけないことがあるとき、2軒のカフェのいずれかを選択することにしています。

1軒は、店名に「速い」という意味を持つ、迅速なサービスを売りにしているカフェです。もう1軒は「喫茶店でのんびり」という古き良き時代に生まれたコーヒー専門店の老舗です。かたやコーヒー1杯200円、かたや1杯600円。そして本気で考えなければと焦っているときは、迷わず1杯600円のお店に入ります。この金額をかけているのだから、絶対にアイディアを出すぞ、という決意が生まれやすく、実際にいつも結果を出すことができるからです。

カフェに行けないときは、好きな飲み物を持って会議室にこもる。会議室にもこもれないときは、デスクの上をきれいに片付けて、目立つところに「ただいま◯◯中」という紙を張り出す。そんなふうにして、〈対応のモード〉や〈惰性のモード〉に流される要因を排除しています。

自分の家でも同じことが言えます。進めておきたい仕事や勉強があるけど、進められない。それは当たり前です。

ある日突然「英語の勉強をしよう」と決めたところで、今まで生きてきた年数、「家は帰ってきたら休む場所だ」と脳は認識しているのですから、いつもの習慣に戻されて終わりです。

そのかわりに、**会社帰りに寄り道をしましょう。休みの日には家を出ましょう。**カフェかファミレスに行って、途中まで進めてから家に戻ってみる。すると作業が中途半端なところで終わっているのが気持ち悪いので、家に帰ってもモードが切り替わらず、続きをしたくなるものです。

気持ち悪いから片付ける、いやなものから逃げるためにやるというのも、立派なモチベーションです。知り合いのおじいさんは、お化けがこわかったそうです。だからお医者さんになるために、1週間ボロボロのお寺を借りて、そこで夜通し勉強をして受かったそうです。こわいことを考えることがいやだから、ものすごい集中力を発揮したのでしょう。

POINT
18

そこで踏ん張るよりも、環境を変える方が楽。

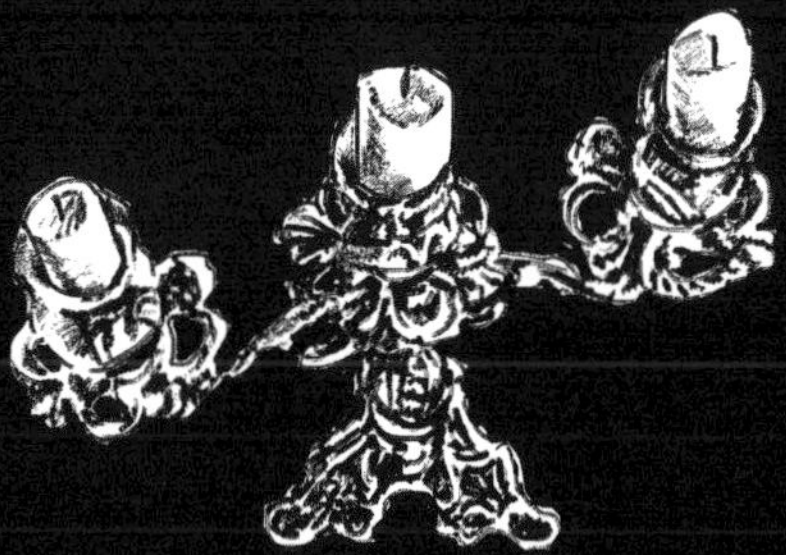

HOW TO PRODUCE IMMEDIATE RESULTS AND TAKE ACTION

QUEST

CHAPTER 4

クエストに応じる

すぐに対応できる人ではなく、
なんでも対応しない人をめざす。

鋼の意思を作るために

新しい仕事は選り分ける。

今日はこれをやろうと決めていても、すべてがその通りにいくわけではありません。職場にいれば「やって」「教えて」「対応して」と声をかけられ、メール、電話、SNSからも、さまざまな依頼がやってきます。それは、いつ、どんな人から、どれくらいのボリュームでやってくるか、なかなか予測はできません。

外部からなにか新しい刺激があるたびに、私たちの頭は〈意思のモード〉から〈対応のモード〉に切り替わります。

〈対応のモード〉の自分は、〈意思のモード〉の自分とはいわば別人です。トカゲの脳になりやすいため、新しい刺激に弱く、どんどん対応の世界にのめり込んでいきます。ですから〈対応のモード〉でいる時間は最小限にとどめておかないと、気づけば（忙しかったけど、なにもできなかった）という一日になってしまいます。

もちろん「対応するのが自分の仕事だ」という人もいるでしょう。しかし**新しい仕**

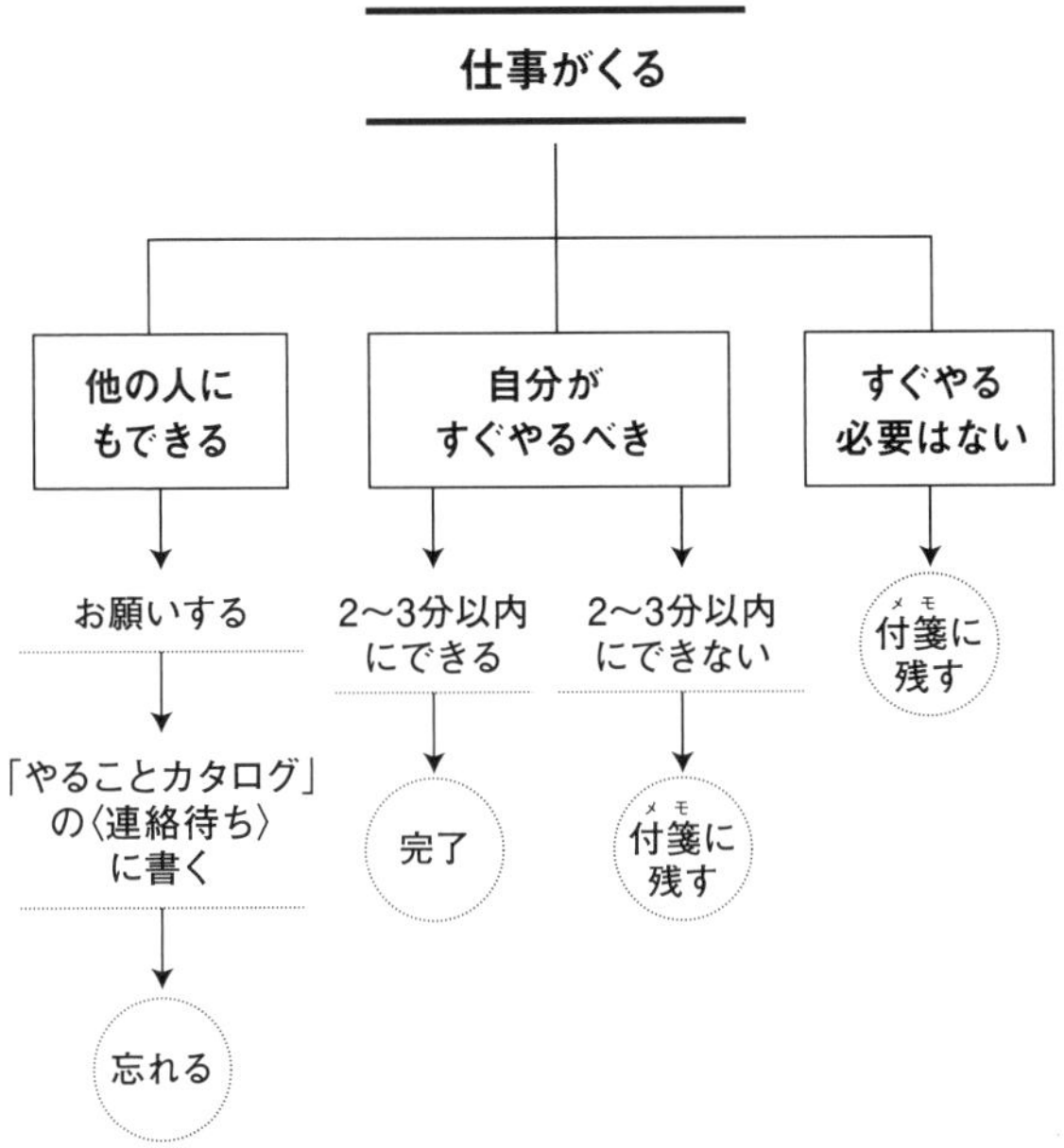

事を反射的にこなしていくことと、いったんその仕事を手元に預かったあと、自分の意思で進めていくこととは同じことをしているようで、まったく違います。すぐに対応するべき仕事であっても、刺激と反応の間に空白の時間をつくり、なるべく〈意思のモード〉で進めた方が良いのです。それだけ質が高くなり、またスピードも早くなります。

　では、新しい仕事がきたら、どのように対処すればいいのでしょうか。

　まずその仕事は、自分がやるべきかどうかを判断します。

他の人にもできることならば、断るか、その場で他の人にお願いすることを検討します（ただし他の人に仕事をふるときは、注意が必要です。あとでくわしく説明します）。お願いしたら〈連絡待ち〉に記録だけを残して、この時点ではきれいさっぱり忘れてしまいましょう。

もしその仕事が、自分が対応すべき仕事で、しかも「2〜3分で終わること」ならば、その場ですぐにやりましょう。手元に「今日のあらすじ」があるので、その仕事が終わったらただちに「今、ここで、自分がやるべきこと」に戻ってこられるはずです。しかしスムーズに戻ってこられる制限時間は、せいぜい2〜3分の間しかないのです。

対応を5分も10分も続けていたら、そのうち「今、ここで、自分がやるべきこと」を見失ってしまいます。「今日のあらすじ」が目に入ったとしても、頭がなかなか切り替わらないので、そこに書かれていることの価値を見いだせず、他のことに流されてしまいやすくなります。

ですから**「2〜3分では終わらないこと」、あるいは「すぐやる必要はないこと」は、付箋《メモ》に残します。**

この付箋《メモ》は、あとでまとめて処理をします。

対応が難しく、すぐに結論が出ない問題もあるでしょう。しかしそこで考え込んでしまうと、対応のモードからなかなか出られなくなります。そんなときは、心の声で「今は道からそれているよ」「早く戻ろうよ」としつこく自分に伝え、**「そのことについて考える」という予定を入れて、思い切って忘れる勇気を出しましょう。**そうすればただの反応ではなく、その問題を自分の意思としてとらえることができ、より前向きな結論が出やすくなります。

POINT
19
―― **刺激と反応の間には、自由がある。**

鋼の意思を作るために

付箋《メモ》は、帰るまでになくす。

作業をしているときに、ふと別の「やろう」「やらなきゃ」を思いつくことがあります。

たとえば一通のメールに、いくつものお願いごとが書かれていることがあります。会話の中に知らない単語が出てきて、調べたい衝動に駆られることがあります。「あれがもう無いんだった」とスーパーで買うべきものを思い出すことがあります。次の連休はどこに行こうかな、と考えはじめることもあります。こういうときは、その衝動のまま行動に移りたくなるものです。

しかしそこで〈対応のモード〉に流されてはいけません。新しい刺激はすべて付箋《メモ》に残して、忘れてしまいましょう。

思いついたらすぐメモに書く、という習慣を持つことが、無駄な行動を減らす最も簡単な方法です。

付箋《メモ》を処理する

1　**今日、ここでやるべき**

→ デスクの目立つ場所に張り出す

2　**近々やるべき**

→ **「やることカタログ」**の**「ここでやる」**に入れる

3　**いつかやればいい**

→ **「やることカタログ」**の**「いつかやる」**に入れる

4　**あとで必要になるかもしれない情報**（言った言わないの証拠）

→ **「やることカタログ」**の**「資料」**に入れる

5　**特定の日時でやる**

→ **「やることカタログ」**の**「カレンダー」**に入れる

6　**どうでもいい**

→ 捨てる

そのメモは**他人が見てもわかるくらい、わかりやすく**書きましょう。

メモはしょせんメモだからという気持ちで雑に書き殴ると、あとで見返したときに自分の意図を判断しづらく、かえって無駄な時間を取られます。

また、書いたメモのうち、「今日、ここでやるべきこと」だけは、目立つところに張り出します。それ以外のメモは一ヵ所に集めておいて、あとでまとめて処理したあと「やることカタログ」に全部しまいましょう。

メモの処理は、帰る前にまとめておこないます。もし帰る前にできなかったら、翌日の仕事をはじめる前でも良いでしょう。

メモに書かれていることのうち、近々やるべきことは、簡単でわかりやすい〝次にやること〟の形に処理して、「やることカタログ」の「ここでやる」に入れます。

いつかやればいいことは、そのままの表現でけっこうですので、「やることカタログ」の「あとでやる」に入れておきます。

あとは、ただ見返すかもしれないことなら「判断材料」に入れます。特定の日時でやること、起きる出来事なら「カレンダー」に入れます。それでおしまいです。

一番大事なことは、処理し終えたらメモは「即座に捨ててしまう」ことです。

とっておきたいメモはどうすればいいのでしょうか。

答えは**「とっておかない」**です。

私は、書いたメモをデスクの上にそのまま放置するということは絶対にしません。

なぜなら、そこにあってはいけないものだと思うからです。

それは、まるでむき出しのお金をそのまま放置しているような感覚があります。

メモは書きっぱなしにするものではありません。必ずすべて処理され、捨てられるべきものなのです。

もしいつまでもメモがなかなか片付かないのだとしたら、〝なにもない状態になるまでメモを片付ける〟という行動を、〝次にやること〟に加えてもいいかもしれません。

メモはとにかくない状態にしておきたい。なくすということをめざしていきたいものです。

POINT 20
あらゆる誘惑から、付箋が守ってくれる。

鋼の意思を作るために

感情と行動を切り離す。

私たちの行動の行方は、感情の状態によって大きく左右されます。

どれだけ綿密な行動計画を立てたとしても、その日に起こった不運な出来事や、誰かの心ない言動によって、がっかりしたり、傷ついたりして、行動できなくなったり、思わぬ行動に出たりします。

感情が出来事に引っ張られると、なかなか〈反応のモード〉から出られなくなります。こういうときは、**自分の外で起きたことと、自分の中にあるものを切り離すことが必要**です。

まず最初に試してみてほしいのは、望まない出来事に対して、「反事実的条件文」を考えてみることです。

これは「～がなければ、～だった」という文章です。

電車が人身事故で止まって、会議の開始時間に遅れた。もし電車が止まっていなかったら、心の準備不足のまま会議にのぞむところだった。

シャワーから熱湯が出てきた。もし熱湯を浴びていなかったら、頭がぼんやりしたままだっただろう。

いつも行っているレストランが臨時休業中だった。もし臨時休業していなかったら、新しいレストランを開拓するチャンスをみすみす逃していたところだ。

「反事実的条件文」とは、このように事実を反対側からとらえ直すことです。

つまり、自分で起こした失敗や損失については、**「この失敗があったからこそ、こっちの変更を思いついた」**という認識をするのです。

また私はこんな方法でも、出来事と感情の切り離しを試みています。

迷い続けて行動しないよりも、行動して、失敗や損失という「結果」を出した方がいい。そうすることによって、次の行動が決まるからです。

ですから「今までこんなにがんばったのに」とは考えず「今からはじめるとしたら、どうする?」と計画を立て、「あのときああしておけば」とは考えず「次のときはもっとこうしよう」という教訓に変えたりします。

ただ、**そういう計画や教訓は覚えていられない**ので、そのときに思い出せばいいように、「やることカタログ」や「カレンダー」に記入することにしています。

それから、失言してしまった、車をぶつけてしまった、損害を出してしまった、などすごく心に引っかかっていることがあって、〈反応のモード〉から抜け出せないときは、こんなふうに考えることにしています。

これには、いつも決まった手順があります。

昔の私だったら、ショックなことが起こると「なぜあんなことになってしまったんだろう」「一体どう対処すればいいのか」を延々と悩み続けていました。でも、そうするとあっという間に〝自制心〟が枯渇し、トカゲの脳が活性化して、ついつい稚拙な対応をしてしまいがちです。そこから抜け出すにはどうすればいいかを考えました。

あるときわかったのは、いきなり対処しようとするよりも、まずはその心に引っかかっていることが、**「どういう状態になったら、気にならなくなるか?」を定義づけた方がいい**ということです。

定義がわかると、考え方の回路が変わります。

「こうなれば気にならない」という答えが出たとします。では、まずその定義に近づくためになにができるでしょうか。最も簡単で、わかりやすい、絶対にできる〝次にやること〟はなんでしょうか？　それはいつ、どこでやるのでしょうか？　と冷静に思考を進めると、自分にとって最善の行動を導き出すことができます。

車をぶつけてしまった。なぜぶつけてしまったんだろう、ああ面倒くさい、とくよくよするのではなく、「どういう状態になったら、気にならなくなるか？」を考えます。それは、最もお金がかからない方法で、車がもと通りに直りさえすればいい。そのためにできることはなにか。まず「保険会社に連絡をしてみる」ことだ。「保険会社に連絡をしてみる」を〝次にやること〟に書いたけれど、1週間たっても行動に移さなかった。それは〝次にやること〟になっていなかったからです。なぜ手がつかなかったかというと、保険会社の連絡先が見つからなかったから。だとすれば、〝次にやること〟を「保険会社の名刺を棚の中から探す」に変えよう。こんなふうに「気にならなくなる」という定義に向けて、少しずつでも行動を進めることができれば、その出来事から感情が解放されていきます。

POINT
21
——感情の乱れを、行動に持ち込まない。

鋼の意思を作るために

自分の「いいとき」を定義づける。

健康、運、成績、天候、出会う人など、この世にはコントロールできないものがたくさんあります。

だから〝いいとき〟と〝悪いとき〟があります。そして長い目で見れば、〝いいとき〟と〝悪いとき〟はみんなに平等にめぐってくるものではないでしょうか。

自分が〝いいとき〟にいるときならば、誰でも自分が決めたことを迷いなくどんどん行動に移せるでしょう。

自分が〝悪いとき〟にいるときこそが重要です。いかに早くそこから抜け出すための、行動を取れるかによって、結果に大きな差が生まれるからです。

〝悪いとき〟にいる人の心の状態を、どうやったら変えられるか。どうすれば、そこから抜け出せるか。私は研究がてら多くの人のカウンセリングを続けてきました。その結果わかったことがあります。結論もいつも同じでした。

すぐに〝悪いとき〟から脱出できる人に共通するのは、「どうなれば〝いいとき〟だと言えるか」をすぐに定義づけられることです。彼らはその〝いいとき〟のために、新しい「やろう」「やらなきゃ」をたくさん考えます。そして、とにかく動き回ります。

その一方、自分の〝いいとき〟を定義づけることなく、不満点と問題点を探すことに夢中になっている人は、〝悪いとき〟からなかなか抜け出せません。

もしも、良い解決策を思いついて、それらの不満や問題が無事に解決したとしても、しばらくするとまた別の不満と問題を見つけてきてしまうからです。

研究でも明らかになっています。私たちは、「自分がなりたい理想の状態」があって、そこに向かうための行動を取っていれば充実感が生まれますが、**いくら「不満」をなくしても、充実感が得られることはなく、次々と違う不満に目を向ける傾向があるの**です。

ですから〝悪いとき〟こそ、不満や問題を減らそうなくそうと躍起になるよりも、自分が満足できることを追求した方がいいのかもしれません。

しかし本当に、とことん〝悪いとき〟は、「どうなれば〝いいとき〟だと言えるか」を定義づけようとしても、思考がうまく働いてくれないかもしれません。

それほど疲れ切っているのだとしたら、まずメンタルではなく身体を変えた方がいいでしょう。

どうすれば記憶力が上がるか。知能指数が上がるか。ストレスがなくなるか。その答えは、**最新の研究結果では、いずれも「有酸素運動をする」こと**なのだそうです。

早歩き、水泳、ランニングなど、有酸素運動にもさまざまありますが、いずれにしても心拍数が上がる運動を45分以上続けることによって、海馬が大きくなり、脳の血管の数を増やすことができるとのこと。

海馬は、入ってきた情報が必要か不要かを判断し、必要なものだけを大脳の関連部位に届けて保存する部位です。

海馬を活発にしているうちに、いつの間にか〝悪いとき〟から抜けて、〝いいとき〟に向かって行動を開始しているかもしれません。

POINT 22
――動けないときこそ、出口を見る。

鋼の意思を作るために
爆弾をパスしない。

ある会社からこんな相談を受けたことがあります。

「従業員は全員、たくさんの仕事を抱えて、忙しくしている。でも業績はどんどん落ちていく。原因がわからないので、一度見てほしい」

私はその会社にいって、働いている現場を一日中観察しました。すると、こういうことでした。

こっちのデスクからあっちのデスクへ、あっちのデスクからこっちのデスクへ、内線電話をかけたり、用件を伝えたり、メモを渡したりしていました。どのスタッフの受信トレイにも、同じ職場の従業員からのメールでいっぱいです。

まるでバスケットボールのパス回しみたいに、「この件どうなってますか?」「これお願いします」「これ教えてください」と、お互いに〝やるべきこと〟をぐるぐる回しあっていました。

職場の全員、新しい刺激に対応しているだけ。これでは質の高い仕事どころか、自分の仕事を進めることができません。

「いま心に引っかかっていることがある」「これをすぐ誰かにふりたい」「ああ、すっきり」というふうに仕事をパスすると、めぐりめぐって、自分のところにも別の「心に引っかかっていること」がやってきます。結局この火のついた仕事を誰がうけとるか。こうなると爆弾ゲームです。**真面目に仕事をしているつもりでいて、やっていることは爆弾を回し合っているだけです。**

「あ、あの件どうなったっけ?」気になったことを、その場で誰かにぶつけてしまうと、その人の作業が中断されます。中断された人は、強制的に〈反応のモード〉に切り替えられます。それですぐ〈意思のモード〉に戻れたらいいのですが、戻れないと、またその人が別の人に、気になったことをぶつけはじめます。夜中までメーリングリストがぐるぐる回り続けているときは、全員トカゲの脳で、〈反応のモード〉に没頭している状態かもしれません。

持っていられないものを、投げれば投げるほど、自分のところに返ってきます。でも自分のところで止められれば、嵐はそのうちやみます。

大事な問いかけは「それはたった今、相手の作業を中断してまで、決めないと（やらないと）いけないことなのか？」です。

その人に伝えるのに、ベストな場所とタイミングはいつか。

それがわかったら〝次にやること〟の形にして、「やることとカタログ」にしまうだけです。

反対に、中断させられそうになったら、「あと10分だけ待っていただけませんか」と自分の行動の節目に先送りしたり、「その件は次のミーティングのときに話しませんか？」と意思決定の場所に先送りしたりして、自分の行動を守ります。

その人が今やっている作業を、簡単に中断しない。自分が中断させられても、すぐに対応しない。

そうすれば、お互いの作業を尊重する空気ができあがっていきます。

周囲からの働きかけに即座に反応できたからといって、今以上に信頼されたり、好かれたりするわけではありません。

POINT 23

荷物は、相手が手ぶらのときに渡す。

THE PROVEN STRATEGIES TO PRODUCE IMMEDIATE RESULTS

QUEST

CHAPTER 5

クエストを進める

なかなか手がつかない仕事と
どう向き合うか。

鋼の意思を作るために

ただそこに向かい、ただ手を動かす。

心の中にはたくさんの「やろう」「やらなきゃ」があります。

まわりを見渡してみてもたくさんの「やろう」「やらなきゃ」にあふれています。

この中で、たった今、自分は、なにをするべきか。

一日の思考の体力には限りがあります。

選択することだけで疲れてしまわないように、「やることカタログ」から「今日のあらすじ」を書き出し、「自分は今、これをやるべき」という行動をひと目でわかるようにしました。そして新しい仕事がやってきたら、すぐ対応せずに、メモをすることにしました。他の選択肢の存在を、すっかり忘れるためです。

あとは目の前のことを、ただやればいい。

それを頭ではわかっていても、なかなか行動に移れないことがあります。

他のやることは次々と押し寄せてきます。しかも優先順位はころころ変わります。そして新しく入ってきた「やろう」「やらなきゃ」は主張が強いため、ついそちらを優先しがちです。

だからこそ、やる気を待つのはやめましょう。

〝次にやること〟がわかったら、**ただそこに向かい、手を動かすだけ**です。

一定時間、自分が集中できないことを許します。タイマーで計測している15分という制限時間内のどこかで、集中状態に入ることができればいい、とゆるく考えましょう。

私たちが**「やりたくない」とか「不安だ」と感じる気持ちの強さは、やることをためらった時間の長さに比例**します。

ですから早く手を動かせば動かすほど、次にまた同じ行動を取るとき、抵抗感なくその行動に移ることができるはずです。

また、水のように澄んだ心で、目の前のことに没頭できている状態を「フロー」と言います。

頭を使わず、体を動かすだけ。意味を考えずにパソコンを開いてみるだけ。クリックしてみるだけ。理由なんてなく、ただやるだけ。そんなふうに淡々とはじめることで、「フロー」に入りやすくなると言われています。

呼吸したり、歩いたり、運転したりするのと同じです。

これからやろうとしている行動についてあまり心の準備をせず、自分の身体の感覚に**ぽんと身をまかせる**と、その行動に〝楽に〟入り込むことができます。

POINT
24

好転する前には、ありきたりの行動がある。

鋼の意思を作るために
その行動にくっついた感情を変える。

私たちの習慣の多くには、感情がくっついています。

ですから一時的に行動を変えることはできますが、やめられない習慣をやめたり、やりたくない習慣をはじめるためには、その習慣にくっついた感情を変えない限り、長くは続かないでしょう。

「読書」でも「走る」でも「アポイントを取る」でもいいです。あるひとつの習慣について想像しましょう。なにかしらの感情が湧くでしょう。でも習慣そのものに決まった感情がくっついているわけではなく、その感情をくっつけたのは私たちです。

つまり「運動」や「読書」や「重要人物と会うこと」に、「楽しみ」「うれしい」というプラスの感情をくっつけている人がいる一方、「面倒くさい」「つらい」というマイナスの感情をくっつけている人もいるわけです。

プラスの感情があれば、放っておいても進んでやりたい。マイナスの感情があれば、ごほうびか圧力がないとなかなかできない。

では、どうすれば、苦手な習慣を身につけることができるのでしょうか。

そのためには、**記憶の見方を変える**必要があります。

私たちの記憶には「過去」「現在」「未来」という3つの箱があります。

どんな習慣であっても、実行しよう、あるいはやめようと思った瞬間には、いずれかの記憶の影響を受けます。

不安な気持ちになるときは、頭の中で「過去記憶」を見ています。

今は忙しいからあとにしたいと考えるときは、頭の中で「現在記憶」を見ています。

頭の中で「未来記憶」を見ることさえできれば、ただちに早く行動に移したいと思えるはずです。

ではどうすれば頭の中で「未来記憶」を選ぶことができるのでしょうか。

私たちが選んでいる記憶は、**「新しさ」よりも「刻んだ量」によって決定**しています。

たとえ「失敗した」という記憶が新しくても、「うまくいった」という記憶が過去に複数回あれば、そちらが勝り、できるはずだと思います。

「〝家〟を思い浮かべてください」とお願いしたら、約8割の人が、現在住んでいる家ではなく、自分が生まれ育った家を思い浮かべました。これも単純に、多くの人が、生まれ育った家を〝家〟として記憶に「刻んだ量」が多いからでしょう。

記憶は、質より量で決まります。ですから、その習慣を「やりたい」という感情に変えるためには、**「それをすると、こんないいことがある」というアイディアの〝数〟を増やせばいい**のです。

「重要人物と会うと、どんないいことがあるか？」「貴重な話を聞ける」「貴重な話を聞けたら、どういういいことがあるか？」「同じプロジェクトの仲間にシェアすることができる」「貴重な話を仲間にシェアすることができたら、どういういいことがあるか？」「今までにないアイディアが生まれるかもしれない」

こんなふうに質問を積み上げて、「未来記憶」の数を増やしていきましょう。

そしてその数が、過去記憶や現在記憶をほんのわずかでも上回った瞬間、〝放っておいても進んでやりたい〟という感情に切り替わるのです。

POINT
25
記憶は自分の都合ですり替える。

鋼の意思を作るために

ゲーム化する。

私たちは飽きます。

せっかくしばらくの間、いい調子で続けられていたはずのチャレンジも、ある日突然やる気が出なくなり、途中でやめてしまうことがあります。

なぜかというと「飽きている」からです。もっと言えば、飽きているのに、その感情のまま〝がんばって〟続けようとするからです。

飽きるというのは、行動を継続する上で、ふさわしくない感情になっているということです。

私たちは自分が「なにをしているのか」「なにを考えているのか」自覚できている部分は10%にも満たないと言います。残りの90%は潜在意識です。その潜在意識は、ある手段を使って、もう一人の私に伝達を試みています。

その手段が「感情」です。「感情」は潜在意識からのサインです。

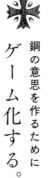

「飽きてきた」という感情は、「方法を変えよう」というサインが出ていると言えます。

では私たちを飽きさせない方法とはなんでしょうか。それはその**チャレンジを「ゲーム」に変えてしまう**ことです。

ある研究で、次の4つの要素が満たされると、私たちはそれをゲームだと認識でき、夢中になって継続できるということがわかりました。

1、勝つことができる（winnable）↓どうすれば勝ちなのか。そのときそのときの勝利条件を決める。

2、自分にとって目新しい（novel）↓同じことのくり返しではない。課題を少しずつ難しく設定する。

3、自分が今どこにいるか（feedback）↓どこまで進んでいるか、目で見えるようにする。

4、どうなれば終わりか（goal）↓最終的なゴールを明らかにする。

「大変だけど、やらなければ」という気持ちで取り組むのは苦行です。

それならば、仕事もゲームにします。うんざりするほど受信トレイにたまったメールは、（パズルゲームのように）この5分間で何通、減らせるか。次の5分間は一通でも多くなくせれば勝ち。そして全部なくしたらゴール、と頭の中でルールを決めれば、夢中になって一気に終わらせられるかもしれません。

私の知り合いに仕事、趣味、家庭において、数えきれないほどの「やろう」「やらなきゃ」を抱えていながらも、そのほとんどを継続できている人がいます。その人は、分野ごとに達成表（レベルごとの勝利条件）を作り、そこに毎日シールを貼り（目で見える）、このシールがすべてなくなったら終わり（ゴール）、というゲームにしていました。本当に子供みたいなことですが、それでことごとく継続できているから不思議です。

またあるお母さんは子供が3人いながら、資格を取りたいと思い立ちました。非常に難しい資格です。でもその試験に合格するための勉強となると、子供が起きる前か、お風呂に入っている時間か、寝たあとにしかする時間がありません。そのタイミングで一気に集中できるよう、すべての家事を終わらせておくためにはどうすればいいか、そのお母さんは考えに考え抜き、行動に移しました。その結果、見事、その資格の試験に合格することができたのです。

どんな「やろう」「やらなきゃ」でもそうです。**この時間がない中でどうやって、あれもして、これもして、ここに戻ってくる時間を捻出できるか、と考えて、行動に移せば、それは立派なゲームになります。**

続ける方法がわからないからチャレンジを続けられない、という人は多いでしょう。

しかし方法はわからなくても、それをそのまま「ゲーム」してしまえる人たちは、最終的にたくさんの結果を残しているのです。

POINT
26
——
チャレンジに自分を合わせるのではなく、自分にチャレンジを合わせる。

鋼の意思を作るために

この時間を「100倍」にして扱う。

目に映るものはなんでも、〝次にやること〟のトリガーになります。

どれだけ今日の行動計画を入念に立てていたとしても、ふと目にしたチラシや本、思い出の写真、謎の電話番号、やりかけのパズル、おみやげでもらったお菓子など、あらゆるものが私たちを引き寄せます。〈惰性のモード〉に入るのはそんなふとした瞬間です。

一方、勉強のための本を読んだり、未経験の難しい仕事に取り組んだり、未知の分野の情報を集めたりすると、とても集中力が必要だし、わからない言葉がたくさん出てきてつらい。たしかに充実感はあるけど、その充実感を味わえるのは1時間のうち、1分間くらいでしょう。受け身なものの方が楽。主体的にならないといけない行動は、充実度が高いけど、初速が大変だとわかっています。

体感時間の問題です。**私たちの脳はほとんど使わなくていい状態になると、体感時間**

が短くなります。反対に、新しい情報が入ってきて、脳を使わなければならない状態になると、それだけ体感時間が長くなります。ある説によれば、生まれてから20歳までの体感時間と、20歳から80歳までの体感時間は同じくらいだとも言われています。

つまり、体感時間には元々リアリティがないのです。

だから私はことあるごとに、**「この時間を１００倍にしたら？」という気持ちで時間を使う**ようにしています。

やめなきゃと思う。でもすぐに問題が起きるわけではない。すすめられて、やった。でも、いいことは起こらなかった。

それはそうなのです。映画の世界では2時間の中で人は成長しますが、普通は2時間では人はなにも成長しません。だから、１００倍にしてみるのです。

ソファで１００倍だらだらしたらどうなる？　英語の本を１００倍読んだらどうなる？

さすがになにかが起こりそうだ。そう思うと、脳の回路が変わります。

ストレッチもそうです。やって意味があるのだろうか。元々固いからやっても無理じゃないだろうか。でも15分間やったとして、その１００倍やったらどうなる？

1500分。25時間。軟体動物になりそうだ。もしもストレッチをしないで、ソファでごろごろしてたらどうなる？　こんな時間を100倍も続けたらどうなる？　足腰は弱くなる。体は固くなる。ギックリ腰になるかもしれない。こんなふうに考えていくと、自分をのぞましい行動に向けやすくなります。

ソファに寝転んでいるよりは、ストレッチをしている方がマシ。ネットショッピングをしているよりは、読みたいマンガを読んだ方がマシ。見たくもないテレビを見ているなら、近所のカフェでコーヒーを飲んでいる方がマシ。たくさんの「マシ」が積み重なっていけば、本当に100倍にも1000倍にもなるのですから。

POINT

27

――一年で寿命がくるように、生きよう。

鋼の意思を作るために

「勝てる自分」を演出する。

意識していなくても、毎日は勝ち負けです。

やろうと思っていたことがきちんとできた。勝った感がある。なんにもできなかった。負けた感がある。勝ちが重なると意欲的になり、負けが重なると行動力が落ちていきます。

すべてをやり切らなくてもいい。現実がちょっとでも進めばいい。本当は、1個か2個だけでも〝次にやること〟ができていれば勝ちだと言ってあげたい。

でももうひとりの自分は、自分に厳しくて、あれもできなかった、あれもやらなければ、に目を向けがちです。

どうすれば「負けた感」がある自分に、自信をつけてあげられるのでしょうか。

1、勝ちのサイズを小さくする。

一つひとつの〝次にやること〟のサイズをもっと小さくしましょう。そうすると本当は1時間本を読んでるだけなのに、「15分間本を読む」という行動を4回達成することによって、「やった」という気持ちを4度味わうことができます。私たちはこんなに**些細なことでも達成感がほしい**動物なのです。

2、仕事以外のことを進める。

ひたすら対応に追われただけで終わっていく一日もあるでしょう。そのときは健康や勉強、家のことなど「今日のあらすじ」とは関係ないことに「進んだ感じ」を出して、足跡を残します。隣駅から走って帰る、英単語を3つだけ覚える、ずっと行きたかったお店に行く、など。

3、リマインド機能を切る。

身近な人やGPSのついた機器にお願いして、〝次にやること〟を思い出させるようにしている人は多いと思います。コンビニの近所にきたら「牛乳を買う」、会社に着いたら「資料をコピーする」、〇月〇日になったら「報告書を書く」などです。でも自分の行動は自分でコントロールするという視点からすると、**リマインドに頼ることは「負け」に近くなります。**状況が変わるたびに、「やることカタログ」の〈ここでやる〉か、ノートに書いた「今日のあらすじ」を見るようにしましょう。

4、できた行動だけを数える。

感覚的な話ですが、仕事が「終わった」ととらえる人と、仕事を「進んだ」ととらえる人がいます。その仕事をどう処理するかによるのです。完了した仕事の名前を消したり、削除したりせずに、チェックマークを入れるなどして**見えるように残しておくと、脳は「進んでいる」と認識できます。**できた行動だけを数えたり、仕事がどれくらい進んだか、マーカーで塗りつぶしてもいいでしょう。その度合がたとえ小さくても、幸福を感じられるはずです。

5、5分間プランクをする。

もうなにをやっても「負けた感」が拭えないときは、**なにも考えずに「5分間プランク」**をやりましょう。

プランクとは、体幹が鍛えられるトレーニングです。腕立て伏せの手のひらではなく、ひじをついた状態で、そのままの姿勢を5分間キープします。それだけです。**ただ、きついです。**でもこのプランクができると、確実にたくましくなります。ひいひい苦しんでも5分間、だらだらしていても5分間。そう思うと、他のことがなんでもできる気がするのです。

こうしようとかっちり決めたことではなくても、結果的にはなにかいい一日だったとか、充実感があったとか、なんとなくそういうふうに落ち着けばいいのです。

大事なことは勝つことですが、もっと大事なのは、自分次第でいくらでも「勝てる」ことをたくさん持っておくことじゃないでしょうか。

POINT
28

自分の価値は、自分で決めていく。

鋼の意思を作るために

「考える仕事」を分ける。

「やろう」「やらなきゃ」のうち、企画を考える、資料を作る、原稿を書くなどの「考える仕事」は、取り扱いが難しいものです。

というのも、これだけの時間を割いて取り組んだからといって、その分、成果を出せるかどうかがわからないからです。やってもやってもうまくいかないと、「今日のあらすじ」の予定が狂ってしまいやすい。一度くらい狂ってもいいのですが、いつもいつも狂っていると、どうせ今日も狂うだろうと、「今日のあらすじ」を作ることに対する意欲が薄れていきます。

そうならないように「考える仕事」は次のことに気をつけましょう。

大前提として、**作業に入る前は、頭の中をクリーンな状態**にしておきましょう。

物忘れが多いとき、文章を見ても頭に入りにくいとき、他の仕事が気になっているとき、頭痛がするとき、音に敏感なとき、あまりよく眠れていない日などは、いくら「考える仕事」をしても無駄になることが多いです。外を散歩したり、しばらくぼんやりしたり、仮眠を摂ったりするなどして、脳の疲れを取りましょう。

次に、その「考える仕事」の行程を分けます。

1、出口のアイデアを出す段階
2、材料を収集する段階
3、出口に合わせて材料を整理する段階

具体的に1は、その「考える仕事」によって、どういう成果物がほしいかを見つける作業です。事実を積み上げても、面白いものは生まれません。**大胆な仮説を先に立てる、先に思い切ったことを断言する**というプロセスを経ることで、成果物は洗練されていきます。

2は、先に立てた仮説を補強してくれそうな材料を集める作業です。**〝質〟は気にせず、ひたすら〝量〟を集める作業に徹しましょう。**

1と2の仕事は〝行動〟の負担が高いので、少しくらい頭が疲れていてもできますが、3は〝頭〟の負担が大きいので、頭が元気なときにしかできません。

最初に決めた仮説があり、裏付けとなる材料がたくさんあります。ここまでは1、2、の段階で決まっています。しかしあらためてどの材料を、どう選び、どの順番で見せるか、という3の作業が最も頭を使います。ですから**1、2、3の作業は同時にやらず、別々の時間帯にやること。**特に3だけは、できれば1と2で疲れた頭を休めて、別の日におこなうと良いでしょう。

POINT
29

情報を救うのは、考える力のみ。

HOW TO PRODUCE IMMEDIATE RESULTS AND TAKE ACTION

QUEST

CHAPTER 6

クエストを見直す

それはどうなればいいのか？
そのために次やるべきことはなにか？

鋼の意思を作るために

「やることカタログ」を見直す。

私が行動の基本としているのは「今日のあらすじ」と、その材料となる「やることカタログ」に書かれていることです。

私はロボットではありませんし、押し寄せてくる新しい出来事に対して〝反応〟もするので、あくまでも「あらすじ」は行動の基本です。

それでも「あらすじ」がわかっているおかげで、たとえ途中で計画をアレンジすることになったとしても、また戻ろうと思えばもとの物語に戻ってこられるので安心して〝反応〟することができます。

そんな私でも「今日のあらすじ」にスムーズに戻ってこられるかどうかは、そのときの「やることカタログ」に対する信頼度によって変わってきます。もうすでに済んだことや、大事なことが漏れている疑いがあれば、心はつい、「今日のあらすじ」から離れてしまいがちです。

ふだんは他の選択肢をあえて見えなくしているわけですが、「見たいときにはいつでもすべての正しい選択肢が見える」という安心感はとても大事です。
だからこそ**「やることカタログ」は、いつでも最新の状態に保つ**必要があります。

【デイリーレビュー（一日1回の見直し）】

毎日、朝30分間おこないます。

〈1〉予定と現状を洗い出す。

「カレンダー」と「やることカタログ」の中にある〝その日にやること〟を見て、いずれの予定も「今日のあらすじ」の中に忘れずに書いておきます。

また**カレンダーの1週間前と1週間先をさらっと眺めて**みましょう。そして止まっていること、やるべきこと、連絡待ちのことなどに気づいたら、すぐにメモをします。

次に@会社、@家、@パソコンなどの「ここでやる」を見て、追加・削除すべき〝次にやること〟がないかをたしかめます。
すべてが終わったら、〈ここでやる〉を見ながら「今日のあらすじ」を書きます。

〈2〉受信トレイを空にする。

受信トレイに残っているメールをすべて処理します。**一通一通、読み込んだり、返信内容を考えたりすることなく、**まずは下記のフォルダに分けます。

1、〝次にやること〟を含んでいる↓「行動する」
2、こちらから連絡する。しかし今ではない↓「あとで連絡する」
3、返事を待っている↓「連絡待ち」
4、あとで見返す可能性がある。あるいは証拠↓「判断材料」
5、興味深い↓「休憩時間」
6、不要↓「ゴミ箱」

残ったものは返事ができるメールです。「メールを返す」時間を作って、一気に返しましょう。

【ウイークリーレビュー（週に1回の見直し）】

週1回のペースで、朝1時間おこないます。

〈1〉今週にやることを決める。

なぜ週に1回、見直すべきなのでしょうか。

「やることカタログ」にはたくさんの行動が書かれています。このうち、どれをやるべきかと考えても、**どれもやるべきことであるような気がします。**

これは「次はいつスーパーに行けるかわからない」というのに近い状態です。なにが不足するかわからないから、思いついたものをかたっぱしから買うしかないという心境なのです。

その一方、「1週間後に必ずスーパーに買い出しに行く」と決めていれば方針はシンプルです。１週間分、必要な食料と日用品を買えばいいからです。

「やることカタログ」を毎週見直すということは、そういうことになります。**１週間という区切りの中で、「次にやること」を決める**のです。

今週、行動を起こすつもりのある〝次にやること〟はどれか？　という視点で「やることカタログ」を眺めてみましょう。「やろう」「やらなきゃ」は一気に減るはずです。

それ以外の「やろう」「やらなきゃ」は、基本的に「来週以降にやる」ことか「捨てる」ことか、どちらかです。

〈２〉新しい「やろう」「やらなきゃ」を思い出す。

なにも置かれていないきれいなデスクの上に、Ａ４の紙を何枚か置き、ジェットストリームのペンを持って、考えます。

そして今、頭の中になにがあるのかを注意深く探しましょう。朝は、たいてい頭がすっきりしているので、考えるのに適しています。その状態で新しい「やろう」「やらなきゃ」を思い出します。

なにも思いつかないときは、やるべき7つの順番を見ましょう。「健康状態」「感情の状態」「人間関係」「時間の使い方」「仕事・家庭」「家計」「自己実現・社会貢献」から順番に見て、なにか出てこないか考えます。または「仕事」と「家庭」の各項目を提示した、円グラフを見てみてください。

もちろん仕事の課題や、家の用事や、ご近所付き合いなど、心が暗くなることだけではなく、行ってみたいお店、やってみたいこと、参加したいイベントなど、テンションが上がるようなことも書き出します。そして、新しい「やろう」「やらなきゃ」を絶対にできる〝次にやること〟に言い換えて、「やることカタログ」にしまっておきます。

〈3〉やることカタログの「連絡待ち」を見る。

お願いしていること、返事を待っていることの中に、放置されていることはないか、しめきりが近づいていることはないか、たしかめます。もし該当することがあれば、@メールや、@会社などに、「○○さんにメールする」「○○さんに聞いてみる」などの〝次にやること〟を入れておきます。

〈4〉「やることカタログ」の「あとでやる」を見る。

いったん「あとでやる」に入れたこと。これが実現することはそう多くはないでしょう。

観なかった録画はなかなか観ません。積んでしまった本はなかなか読まないのです。毎日さまざまなものがやってきて、私たちの興味はどんどん更新されていきます。「あとでやる」に入れた当時の気分と、今の気分は異なっています。**このときはやるつもりがあったけど、今はやるつもりがない**という気分です。

ですから、ほとんどのことは「あとでやる」に残ることでしょう。「それらをどのように扱えばいいのか」という質問をよく受けます。次の処理をしてみましょう。

1、強引にやる

1週間以内にやるつもりがあることは、たとえやらない可能性があっても、思い切って「スケジュール」か「ここでやる」に入れてしまいましょう。

2、約束を変える

そこまではできなくても、せめてここまでならできる。海外は厳しくても国内なら。全編制覇は無理でも第一部までなら。サイズを小さくして、やる気になるかならないか、様子を見てみます。

3、やっぱり「あとでやる」

今週「パスポートをつくる」という予定があった。でもできなかった。来週も忙しくてなにもできなそうだ。そんなこともあるでしょう。必要だけど、すぐに必要でもないことは、また「あとでやる」に戻ります。

4、捨てる

「やろう」「やらなきゃ」の**気持ちがすっかり劣化しているなら、捨ててしまうのも手**でしょう。それが本当にやるべきことなのだとしたら、きっとふたたび人生の別の場面でやってきます。

「あとでやる」がどんどん増えていくという心配はありません。

「やることカタログ」はチェックリストではないからです。**完了させること（消すこと）が目的ではなく、今やろうとしていることが、本当に今やるべきことだという確信さえ得られればいい。**気になっていることが、おさまるべきところにおさまっていて、気にならない状態になっていればいい。ただそうでありさえすれば、目の前のことに集中できるからです。

ですから「あとでやる」の全部クリアをめざす必要なんてありません。

また「あとでやる」にないことだとしても、こっちの方が重要だと思う行動があれば、そちらを優先させてください。

POINT 30

ゴミの日には「やること」も出す。

鋼の意思を作るために
〝勝算ノート〟を見直す。

毎日「今日のあらすじ」を書いている〝勝算ノート〟は、いわば人生の脚本です。アドリブだけでも一日を乗り切ることはできますが、アドリブだけに頼ると、結末がどこに向かっていくのかわかりません。でも〝勝算ノート〟さえあれば安心です。**自分がめざしている結末に、つねに向かっているノート**だからです。

いつでも暇さえあれば開いてほしいノートですが、見直しは1日の終わり、今日の出来事を振り返りながらおこなってください。

〝勝算ノート〟の1ページ目には、付箋に書いた、身につけたい〝習慣〟、吸収したい〝知識〟、考え続けたい〝問い〟が貼られています。この方針が今の自分にフィットしているか、自分に聞いてみてください。もし違和感があるならば更新しましょう。ますます大切だと思うなら、アンダーラインを引くなり、蛍光ペンで囲むなりして、盛り上げましょう。

〝勝算ノート〟の2ページ目には「今年、後悔しないためのリスト」が書かれています。一日の終わりに「今日のあらすじ」を見返してみて、今日やり終えた行動のうち、「今年、後悔しないためのリスト」と関係しているものがいくつあるか、数えてみましょう。ゼロだとすれば後悔、ひとつでもあれば充実に一歩近づいています。

〝勝算ノート〟の3ページ目からは、実現したいことのプランが書かれています。今日手に入れた有益な情報や人物名、思いついた発想などがあれば、忘れずに記録しておきましょう。またプランに書かれていることの中で、実行できそうなことを見つけたら、〝次にやること〟の形にして、「やることカタログ」の中にしまいます。

それから「今日のあらすじ」です。「今日のあらすじ」の中に書かれた「行動」の中でも特にやるべきことは、赤ペンで四角く囲われているかもしれません。それらの行動のうち完了したことにはチェックマークをつけて、簡単なコメントをつけましょう。「ｇｏｏｄ！」「これはまたやりたい」「別の方法を考えよう」なんでもかまいません。

完了した行動は、「やることカタログ」から消します。あるいは、新しい〝次にやること〟に変更します。

チェックマークのつかなかった「行動」は、翌日の「今日のあらすじ」に加わる候補になります。ただし**単なる候補であって、無理やり加える必要はありません。**加えなくても、「やることカタログ」には残っているので、また別のタイミングでやればいいのです。

〝勝算ノート〟を見直す作業は、私にとっては毎日の大きな楽しみです。運動会の玉入れで玉の数を数えているときのような、網にかかった魚を確認するときのような、そんなワクワク感があります。このワクワク感を、ぜひみなさんにも味わってほしいのです。

POINT
31
記録は、知の財産。

鋼の意思を作るために

そもそも「行動を起こすつもりがあるか」を見直す。

たった今、やりたいことはなんですか？

こういう質問をすると、「新しいビジネスをはじめたい」「美容院に行きたい」「子供を海外で生活させたい」「フルマラソンに出たい」などの答えが返ってきます。答えはじつにバラバラです。それはそうでしょう。**「やりたいこと」という言葉は、あいまいで、とらえどころがない言葉**だからです。このあいまいさが、ときとして、私たちの行動すらもあいまいにします。

「やりたいこと」をたくさん持とう。多くの人がそう語るのは、「やりたいこと」が私たちの暮らしを豊かにしてくれるからでしょう。

ところが「やりたいこと」を実現できる人と、実現できない人の差はとてもはっきりしています。それは、そもそも行動を起こすつもりがあるか、ないかの違いです。

さまざまな研究において「やりたいことを、やり切れない」と言う人のほとんどは、

「やりたいことを実現するのにふさわしい、情報やスキルを準備するつもりがない」ことがわかっています。つまり「最初からやる気がなかった」わけです。

それでももし今、ぼんやりと「やりたいこと」をたくさん心に抱えているならば、それは心の荷物になっているだけかもしれません。

あるセミナーでこんなことがありました。

参加者たちに「たった今、やりたいことを書き出してください」とお願いしたところ、わずか20分間で150個ほどの「やりたいこと」を書き出した人がいました。その人は得意げでした。ところが続けて「その〝やりたいこと〟のうち1週間以内に、行動を起こすつもりがあるものと、ないものを分けましょう」とお願いしたところ、150個中145個は「行動を起こすつもりがない」ことがわかりました。

つまり**その人は、これから1週間、145個の余計な「やろう」「やらなきゃ」を、頭の中にしまいこんだまま、生活をする**わけです。これはある意味、集中力の無駄遣いだと言えます。

来年、来月、来週のことは、今気にしなくてもいい。すっかり忘れてもいいのです。

「やることカタログ」を「今週、行動を起こすつもりがあるものは、どれ？　どれ？」

と考えながら見ていけば、**ほとんどの「やりたいこと」は頭の中の選択肢から消えてくれます。**

ちなみに私は現在、大小バラバラの「やりたいこと」が２７４個ありますが、「やることカタログ」の「ここでやる」の「@オフィス（でしかできないこと）」という状況で見てみれば、６個にしぼられます。さらに「今日、行動を起こすつもりがあること」という点でしぼると、たった1個「英語の相槌リストをプリントアウトする」しかありません。ですから残りの２７３個のことは忘れられます。その分、高い集中力を持って、「英語の相槌リストをプリントアウトする」ことができるのです。

POINT
32

欲張れば欲張るほど、すでにあるものを失う。

鋼の意思を作るために
「あとでやる」をまとめて片付ける。

知り合いにすすめられて買った本、録りためた流行りのドラマ、ネットで衝動買いした健康器具、書きためた料理のレシピ、「こんど飲みに行きましょう」という口約束、保険を見直そうと集めたパンフレット、詰め込んだままになっている物置……など私たちは「あとでやる」ことを気軽にぽんぽん増やす癖があります。

たまった宿題は催促されない限り、だいたいそのまま放置されます。そしてずっと、**心の中で「引っかかっているもの」として存在感を発揮**するのです。

もちろん「できるだけ宿題を作らないようにする」というのもひとつの考え方です。でもその考え方にはあまり賛成できません。

たとえば読書は人生をより豊かにする上で大切なことだと思います。そしてその本を読みたいと思った。だからその本を買った（あるいは手に入れた）わけです。

それなのに、本は読みたいけど、放置したくないから、本は買わないとしてしまうのは、結婚したいけど、失恋したくないから、誰とも付き合わない、と言っているのと大差ありません。

ですから、宿題は増やしましょう。

ただ「きっと未来の自分ならやる（読む）」という無責任な期待は捨てます。「こういうつもりでやろう（読もう）と思った」としても、あとになれば「こういうつもり」が消えてしまっていることが多いからです。私はどういうつもりで資本主義のリアリズムとその根本的矛盾に興味を持ったんだろう。そんな具合です。ですからまず、宿題を増やすときには、その宿題からなにを得ようと思ったかをメモします。

それからその「あとでやること」は、わざわざ時間を取らなくてもいいかもしれません。入浴中、ランニング中、歩いているとき、エレベーターの中、往復の通勤時間など、どこかでできるタイミングはないか考えてみましょう。

それでもたまっていく宿題は**「集中的に、一気に片付けてしまう」ことをおすすめします。**私は「読書合宿」を年に4回おこなっています。テーマ（得たい結果）を決めて、2泊3日でまとめて30冊ほどを読破するのです。買い漁った本たちが「あとでやる」となって本棚で溢れ返っているからです。

いろんな人との「飲みに行きましょう」という約束が果たされてないなら、体調を整えて、今月は「飲みに行く月間」と決めてしまう。連休に、気が乗らない遠出をして長時間の渋滞に巻き込まれるくらいなら、録りためたドラマを一気に鑑賞してもいいかもしれません。「古いシステムの見直し」のような重いことは、日を決めて、関係者を集めて、一気に終わらせた方がいい。

もう跡形もなくなるまで、お祭りかイベントかキャンペーンのつもりで、一気に、徹底的にやりましょう。

完全になくすことができたら、頭の中に大きなスペースが空くので、そこから新しいことに挑戦する意欲が湧いてきます。

POINT
33
――約束は大切にすればするほど実行されなくなる。

鋼の意思を作るために

「はじめ方」を見直す。

どんなことをはじめるにしても、「うまくなりたい」「結果を出したい」と思うのは当然です。

でも勉強もダイエットも運動も楽器もなにをやっていても、続かない。途中で挫折してしまった苦い経験は、誰にでもあるでしょう。

なぜこんなにも練習は難しいものなのでしょうか。

私はこう思います。それは**「自分を動かすギア」**と**「自分を動かし続けるギア」**は**まったく違うギア**なのに、それらをみんなひっくるめて「モチベーション」という表現をするものだから、なにが足りなくて、なにが間違っているのか、問題が見えにくいということです。

モチベーションは「自分を動かすギア」であって、行動を一歩踏み出すときに必要なものです。

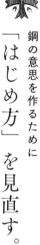

　ですからモチベーションが不足しているときは、〝次にやること〟をもっと簡単に、もっとわかりやすくすればいいのです。「とにかく一回だけやってみる」というのも単純ですが、効果があります。**一回だとやめる機会がありませんし、「うまくなるだろう」「良くなるだろう」といった期待も少ない**からです。

　またモチベーションは〈1、得たい結果を数字で表す〉〈2、やる理由を言語化する〉〈3、必要な知識を集める〉〈4、一緒にやる人を誘う〉〈5、〝次にやること〟を簡単でわかりやすくする〉などの工夫によっても高めることができます。

　その一方で**「自分を動かし続けるギア」は、モチベーションではありません。**ではなにかというと、なんにもないのです。ただ「その行動をやめる要因がなくなりさえすればいい」のです。

　その行動を、中断させるもの、その行動から、意識をそらすもの。次の行動を、わからなくしているもの、などをなくしてしまえば、行動はただただ続いていくことでしょう。でもなかなかなくなってくれないのがプライドです。

　ですから、なにかをはじめるときに最も大切なのは、かっこうつけないことだと思います。

普通の人が何回やってもできないことを、自分はたった1回でできてしまった。もしかしたら自分にはそんなセンスがあるかもしれませんが、たいていはそんなセンスが眠っていることはありません。

はじめるときは誰でもへたくそです。恥ずかしいし、みっともないです。でも本当にうまくなりたいものは、へたくそにはじめてみる価値があると私は思います。

何回もやり方を変えて、何回も道具を変えて、みんなに「ころころやり方を変えるよね」と笑われたとしても、そこでかっこうつけたらもったいないと思います。取りつくろって、へたくそを避けてしまったら、それ以上なにも学べないからです。

私はそもそも「仕事」がへたくそでした。会社員経験がないから、仕事というものが一体どんなものか、なかなか知る機会がなかったのです。でも「うまくなりたい」と思いました。だから本を読んだり、人から教わるたびに、私は何度もやり方を変えてきました。

手帳も変えて、時計も変えて、スーツも変えて、整理法も変えて、会議の仕方も変えました。そして少しずつですが「うまくなっている」実感がありました。**人生を変えることは難しいですが、やり方を変えることはいくらでもできる。**

なにかをはじめようとすれば、理想は当然あるものです。でもその理想とは遠くかけ離れているかもしれません。でもそれでいいのです。理想はずれるために持つものだからです。思いっきりずれていいと、強く思っています。ずれればずれるほど、それだけ学ぶチャンスがあるからです。

POINT
34

今が一番へただと思えばいい。

鋼の意思を作るために

新しいクエストを作る。

無数の「やろう」「やらなきゃ」に囲まれて、それらと格闘しながら生きる毎日。楽しいことを思いっきりできる日は、ぼんやりと「ずっと先の方」だと思っています。仕事が落ち着けばなんとかなるだろう。子供が大きくなれば変わるだろう。長い休みになれば、なにか面白いことが待っているだろう。きっと、いつかそうなるだろう。でもそれはまだ、当分、先のことであるような気がします。

多くの人がこんなふうに「やろう」「やらなきゃ」をすべて終わらせてから、本当に楽しいことをしようと考えます。

でも**仕事と夢は、そもそも出身地が違います。**「やるべきこと」は外から押し寄せてくるもので、「楽しみなこと」は内から外に向かって押し出していくものです。外からやってくるものばかりを受け入れ、内から押し出すことをやめてしまったら、そのうち「楽しみにしていたこと」もやる前に飽きてしまいます。

そうなる前に「楽しみなこと」は、あいた時間にこっそりとでもいいから、ゲリラ的でもいいから、少しずつ実現していくべきなのです。

時間管理をテーマにした講座のほとんどは、暇な時間を捻出するためのものではなく、時間をもっと効率よく使う方法を伝えるものです。

ところがそういう講座にやってくる大人たちの大半は、元々、とても忙しい人たちなのです。今忙しい人が、さらに忙しくなりたいと思ってやってくるのです。忙しくするべき目的があるわけではなく、彼らは忙しくなること自体が目的なのです。

それはなぜでしょうか。私たちの多くは、遠くにある楽しみに向かうよりも、目の前にあるタスクをかたっぱしから潰していくことが好きです。タスク処理という行為そのものが、ただひたすら脳にとっては快感だからでしょう。

でもその快感を追い回しているうちに、いつかタイムリミットがやってきます。**そして今度は「やりたいことを、なんでもやっていい」という人生のターンになります。**そのときに、なにを楽しみとしましょうか。

今、平日の街には定年後の人たちが溢れています。時間を持て余して、どこにも行くところがない人たちです。彼らはずっと「やろう」「やらなきゃ」への反応に忙しかったし、「そんな余裕はない」と考えていたから、ついに「楽しみ」が思いつかなくなった人たちなのかもしれません。

タスクをこなす。楽しみも作る。両輪があってこその人生だと思ってます。

「やることカタログ」や「今日のあらすじ」を使って、「やろう」「やらなきゃ」を効率よく片付けていけば、どんどん気持ちに余裕が生まれます。時間も、体力も、アイディアも、きっと充実していきます。

そのときのために、自分にとって楽しみなことを「やることカタログ」にたくさん入れておきましょう。「夢を書き出してください」といえば、「またそれ？」とがっかりする人もいるかもしれません。でもやっぱりそれは自分の中からしか出てこないので、外に書き出して、自分自身に見せる機会が必要なのです。

すべての国を散歩する、文化遺産を訪れる、料理を食べ尽くす。古典を読破する。お祭りに参加する。なんでもいいのです。

自分のクエストを決めましょう。

なにを選ぶかではなく、なんでもいいから選ぶことです。

どんなクエストもはじめは苦しい。

でもその苦しさは必ずやわらぎ、そのために楽しさを知り、また新しい物語がはじまるのです。

POINT
35
——
自由が与えられている者こそ、自分を不自由だと思いたがる。

HOW TO PRODUCE IMMEDIATE RESULTS AND TAKE ACTION

QUEST

EPILOGUE

おわりに

自由はいつでも手に入る。
それは「責任を取れる範囲」で手に入る。
クエストとは、自由の拡大だ。

冒険に出なければ心地は良い。
ここにいるうちは、自由。
でも、世界は自分の今いる場所がすべてのまま。
クエストは、その自由の領域を拡大する。

自分の心を見つめて、じっとしているわけにはいかない。
それも一種の責任だと思う。
自分の人生への責任。
あるいはクエストに気づいてしまったことに対する責任。
自由の代償は、自分が今いる場所は、
ほんの小さな場所だったと気づかされること。

まだスタートラインにも立てていない。
でもクエストがあるから、現在位置がわかる。情熱が溢れている。

もしもクエストがなくて、
期待されていることだけをやって、
内なる心の声に耳をふさぎ続けていたら、
どうなっていたんだろう。

ほんの小さなことでいい。
やっていなかったことをやる。手をつけていなかったことをやる。
昨日の自分よりも、ひとつだけ超える。
そんな毎日の積み重ねが、私たちの心に複雑さを生み、
人間としての器を大きくしてくれるはずだ。

池田貴将

朝に道を聞かば　夕べに死すとも可なり。

『論語・里仁』孔子

『QUEST』主な参考実験

●アマンダ・パーマーによる自我消耗に関する実験
●エリック・バーカーの研究
●カーティン大学のハッガーらによる片足立ちの実験
●キャサリン・ヴォス&トッド・ヘザートンによる、映画、アイスクリーム、M&Mのチョコレートを使った実験
●テキサス大学のエイドリアン・ワード教授による「スマートフォンの存在と認知能力低下の関連調査」
●ニューヨーク州立大学のマーク・ミュレイヴンによる「意志力の温存」の実験
●ハーバードビジネススクールのテレサ・アマビールとスティーブン・クレイマーの調査
●レッパー&グリーンによるアンダーマイニング現象に関する実験
●ローレルとタイラーの交互練習に関する実験
●社会心理学者のペーター・ゴルヴィツァーの「if then」の実験
●心理学者のチクセントミハイによる「創造性」および「フロー体験」に関する各種研究と実験
●心理学者のフレデリック・ハーズバーグの衛生要因の実験
●精神科医のアンダース・ハンセンの調査
●東京大学の池谷裕二教授による「勉強時間による学習の定着・集中力に関する実証実験」

『QUEST』参考文献

『あなたの生産性を上げる8つのアイディア』チャールズ・デュヒッグ：著／鈴木晶：訳（講談社）

『あなたの話はなぜ「通じない」のか』山田ズーニー：著（ちくま文庫）

『一流の頭脳』アンダース・ハンセン：著／御舩由美子：訳（サンマーク出版）

『イシューからはじめよ―知的生産の「シンプルな本質」』安宅和人：著（英治出版）

『運のいい人の法則』リチャード・ワイズマン：著／矢羽野薫：訳（角川書店）

『エッセンシャル思考―最少の時間で成果を最大にする』グレッグ・マキューン：著／高橋璃子：訳（かんき出版）

『億万長者脳大富豪に聞いた富の心理とお金の稼ぎ方』ポール・マッケンナ：著／柴田裕之：訳（ソフトバンククリエイティブ）

『仮説思考ＢＣＧ流問題発見・解決の発想法』内田和成：著（東洋経済新報社）

『可能性（ジーニアス）を見つけよう―世界のエリートから学ぶ自分の枠を突破する勇気』石角友愛：著（講談社）

『気絶するほど儲かる絶対法則』石原明：著（サンマーク出版）

『決める―すべてを一瞬で判断できるシンプルな技法』スティーブ・マクラッチー：著／花塚恵：訳（ダイヤモンド社）

『こうなったら無敵の営業マンになってやる！』ブライアン・トレーシー：著／門田美鈴：訳（ダイヤモンド社）

『コンセプトのつくりかた』玉樹真一郎：著（ダイヤモンド社）

『最高の成果を生み出す6つのステップ』マーカス・バッキンガム：著／加賀山卓朗：訳（日本経済新聞出版社）

『才能を引き出すエレメントの法則』ケン・ロビンソン＆ルー・アロニカ：著／金森重樹：監修／秋岡史：訳（祥伝社）

『ザ・ゴール2―思考プロセス』エリヤフ・ゴールドラット：著／三本木亮：訳／稲垣公夫：解説（ダイヤモンド社）

『残酷すぎる成功法則 9割まちがえる「その常識」を科学する』エリック・バーカー：著／橘玲：監修・訳／竹中てる実：訳（飛鳥新社）

『ジム・ローンの億万長者製造法』ジム・ローン：著／河本隆行：訳（サンマーク出版）

『「週4時間」だけ働く。』ティモシー・フェリス：著／田中じゅん：訳（青志社）

『受講ノートの録り方―大学・短大で学ぶ人のために』斎藤喜門：編著（蒼丘書林）

『自律神経をリセットする太陽の浴び方―幸せホルモン、セロトニンと日光浴で健康に』有田秀穂：著（山と溪谷社）
『人生を変える習慣のつくり方』グレッチェン・ルービン：著／花塚恵：訳（文響社）
『「成功曲線」を描こう。夢をかなえる仕事のヒント』石原明：著（大和書房）
『成功は〝ランダム〟にやってくる！チャンスの瞬間「クリック・モーメント」のつかみ方』フランス・ヨハンソン：著／池田紘子：訳（阪急コミュニケーションズ）
『成長するものだけが生き残る』上原春男：著（サンマーク出版）
『選択の科学』シーナ・アイエンガー：著／櫻井祐子：訳（文藝春秋）
『スターバックス成功物語』ハワード・シュルツ&ドリー・ジョーンズ・ヤング：著／小幡照雄&大川修二：訳（日経BP社）
『スピード・オブ・トラスト』スティーブン・M・R・コヴィー：著（キングベアー出版）
『すべてが見えてくる飛躍の法則―ビジネスは、〈三人称〉で考える。』石原明：著（アスペクト）
『頭脳の果て』ウィン・ウェンガー&リチャード・ポー：著／田中孝顕：訳（きこ書房）
『スマート・チェンジ―悪い習慣を良い習慣に作り変える5つの戦略』アート・マークマン：著／小林由香利：訳（CCCメディアハウス）
『世界のエリート投資家は何を考えているのか「黄金のポートフォリオ」のつくり方』アンソニー・ロビンズ：著／山崎元：監修／鈴木雅子：訳（三笠書房）
『退屈すれば脳はひらめく―7つのステップでスマホを手放す』マヌーシュ・ゾモロディ：著／須川綾子：訳（NHK出版）
『達人のサイエンス―真の自己成長のために』ジョージ・レナード：著／中田康憲：訳（日本教文社）
『だれかに話したくなる小さな会社』浜口隆則&村尾隆介：著（かんき出版）
『小さく賭けろ！世界を変えた人と組織の成功の秘密』ピーター・シムズ：著／滑川海彦&高橋信夫：訳（日経BP社）
『小さな習慣』スティーヴン・ガイズ：著／田口未和：訳（ダイヤモンド社）
『知的生産の技術』梅棹忠夫：著（岩波新書）
『「ちゃぶ台返し」のススメ』ジャック・アタリ：著／橘明美：

訳（飛鳥新社）
『伝わる・揺さぶる！文章を書く』山田ズーニー：著（PHP新書）
『「できる人」の話し方&心のつかみ方』ケビン・ホーガン：著／五十嵐哲：訳（阪急コミュニケーションズ）
『苫米地思考ノート術―脳を活性化し人生を劇的に変える最強思考ノート』苫米地英人：著（牧野出版）
『トム・ピーターズのサラリーマン大逆襲作戦1　ブランド人になれ！』トム・ピーターズ：著／仁平和夫：訳（阪急コミュニケーションズ）
『トム・ピーターズのサラリーマン大逆襲作戦2　セクシープロジェクトで差をつけろ！』トム・ピーターズ：著／仁平和夫：訳（阪急コミュニケーションズ）
『ドラッカー名著集1　経営者の条件』P・F・ドラッカー：著／上田惇生：訳（ダイヤモンド社）
『トリガー自分を変えるコーチングの極意』マーシャル・ゴールドスミス：著／マーク・ライター：著／斎藤聖美：訳（日本経済新聞出版社）
『脳を鍛えるには運動しかない！　最新科学でわかった脳細胞の増やし方』ジョンJ.レイティ&エリック ヘイガーマン：著／野中香方子：訳（NHK出版）
『なぜ選ぶたびに後悔するのか―「選択の自由」の落とし穴』バリー・シュワルツ：著／瑞穂のりこ：訳（武田ランダムハウスジャパン）
『脳を最適化するブレインフィットネス完全ガイド』アルバロ・フェルナンデス：著／エルコノン・ゴールドバーグ：著／パスカル・マイケロン：著／山田雅久：訳（CCCメディアハウス）
『ハーバード式「超」効率仕事術』ロバート・C・ポーゼン：著／関美和：訳（早川書房）
『はじめてのGTDストレスフリーの整理術』デビッド・アレン：著／田口元：訳（二見書房）
『全面改訂版はじめてのGTDストレスフリーの整理術』デビッド・アレン：著／田口元：訳（二見書房）
『販売はあなたがオギャアと生まれたときから始まっている』ナポレオン・ヒル：著／田中孝顕：訳（きこ書房）
『ひとつ上のGTDストレスフリーの整理術実践編―仕事というゲームと人生というビジネスに勝利する方法』デビッド・アレン：著／田口元：訳（二見書房）
『フォーカル・ポイント』ブライアン・トレーシー：著／本田直之：監訳／片山奈緒美：訳（ディスカヴァー・トゥエンティワン）

『フロー体験喜びの現象学（SEKAISHISO SEMINAR）』M・チクセントミハイ：著／今村浩明：訳（世界思想社）

『プロフェッショナルの原点』P・F・ドラッカー&ジョセフ・A・マチャレロ：著／上田惇生：訳（ダイヤモンド社）

『プロフェッショナルの条件―いかに成果をあげ、成長するか（はじめて読むドラッカー【自己実現編】）』P・F・ドラッカー：著／上田惇生：訳（ダイヤモンド社）

『マインドセット「やればできる！」の研究』キャロル・S・ドゥエック：著／今西康子：訳（草思社）

『マネジャーの最も大切な仕事―95％の人が見過ごす「小さな進捗」の力』テレサ・アマビール：著／スティーブン・クレイマー：著／中竹竜二：監修／樋口武志：訳（英治出版）

『やってのける～意志力を使わずに自分を動かす～』ハイディ・グラント・ハルバーソン：著／児島修：訳（大和書房）

『やり抜く力 GRIT―人生のあらゆる成功を決める「究極の能力」を身につける』アンジェラ・ダックワース：著／神崎朗子：訳（ダイヤモンド社）

『ライフハック大全―人生と仕事を変える小さな習慣250』堀正岳：著（KADOKAWA）

『論点思考BCG流問題設定の技術』内田和成：著（東洋経済新報社）

『7つの習慣最優先事項―「人生の選択」と時間の原則』スティーブン・R・コヴィー：著／A・ロジャー・メリル：著／レベッカ・R・メリル：著／宮崎伸治：訳（キングベアー出版）

『IQより大切な「頭の使いかた」』ジェフ・ブラウン：著／マーク・フェンスク：著／茂木健一郎：訳

『THE ANSWER（アンサー）』ジョン・アサラフ：著／マレー・スミス：著／加島牧史：訳（エクスナレッジ）

『TQ―心の安らぎを得る究極のタイムマネジメント』ハイラム・W・スミス：著／黄木信&ジェームス・スキナー：訳（SBクリエイティブ）

『WILLPOWER 意志力の科学』ロイ・バウマイスター&ジョン・ティアニー：著／渡会圭子：訳（インターシフト）

本書を執筆する上で、以上の書籍を参考にさせていただきました。この場を借りて、厚く御礼を申し上げます。

Profile

池田貴将

Takamasa Ikeda

株式会社オープンプラットフォーム代表取締役。リーダーシップ・行動心理学の研究者。早稲田大学卒。

在学中に渡米し、世界No.1コーチと呼ばれるアンソニー・ロビンズ本人から直接指導を受け、そのノウハウを日本のビジネスシーンで活用しやすいものにアレンジ。感情と行動を生み出す心理学と、人間力を高める東洋哲学を統合した独自のメソッドを生み出した。そのセミナーは「プロ仕様」だと話題になり、各種コンサルタントやビジネス書作家も受講することで注目を集める。著書に『図解　モチベーション大百科』『覚悟の磨き方　超訳 吉田松陰』『動きたくて眠れなくなる。』（サンクチュアリ出版）『未来記憶』『心配するな。』（サンマーク出版）『がんばらないほうが成功できる』（PHP研究所）などがある。

QUEST　結果を勝ち取る力

2018年7月15日 初版発行

著 者　　池田貴将

装画　　Peter Paul Rubens
挿絵　　INEMOUSE
デザイン　　井上新八

営業　　津川美羽／吉田大典（サンクチュアリ出版）
広報　　岩田梨恵子／南澤香織（サンクチュアリ出版）
編集　　橋本圭右（サンクチュアリ出版）

発行者　鶴巻謙介
発行所　サンクチュアリ出版
〒113-0023　東京都文京区向丘2-14-9
TEL 03-5834-2507　FAX 03-5834-2508
http://www.sanctuarybooks.jp
info@sanctuarybooks.jp

印刷・製本　株式会社光邦

ISBN978-4-8014-0054-2